Gestalt-terapia
de curta duração

Dados Internacionais de Catalogação na Publicação (CIP)
(Câmara Brasileira do Livro, SP, Brasil)

Ribeiro, Jorge Ponciano
Gestalt-terapia de curta duração / Jorge Ponciano Ribeiro. – 4. ed.
São Paulo: Summus, 2015.

Bibliografia.
ISBN 978-85-323-0529-9

1. Gestalt (Psicologia) 2. Gestalt-terapia 3. Psicoterapia I. Título.

08-10349   CDD-616.89143
                                                  NLM-WM 420

Índice para catálogo sistemático:

1. Gestalt : Psicoterapia : Medicina : 616.89143

Compre em lugar de fotocopiar.
Cada real que você dá por um livro recompensa seus autores
e os convida a produzir mais sobre o tema;
incentiva seus editores a encomendar, traduzir e publicar
outras obras sobre o assunto;
e paga aos livreiros por estocar e levar até você livros
para a sua informação e o seu entretenimento.
Cada real que você dá pela fotocópia não autorizada de um livro
financia um crime
e ajuda a matar a produção intelectual em todo o mundo.

Gestalt-terapia
de curta duração

JORGE PONCIANO RIBEIRO

summus
editorial

GESTALT-TERAPIA DE CURTA DURAÇÃO
Copyright © 1999, 2009 by Jorge Ponciano Ribeiro
Direitos desta edição reservados por Summus Editorial

Editora executiva: **Soraia Bini Cury**
Assistentes editoriais: **Andressa Bezerra e Bibiana Leme**
Projeto gráfico e diagramação: **Acqua Estúdio Gráfico**
Capa: **Gabrielly Silva**

1ª reimpressão, 2022

Summus Editorial
Departamento editorial:
Rua Itapicuru, 613 – 7º andar
05006-000 – São Paulo – SP
Fone: (11) 3872-3322
http://www.summus.com.br
e-mail: summus@summus.com.br

Atendimento ao consumidor:
Summus Editorial
Fone: (11) 3865-9890

Vendas por atacado:
Fone: (11) 3873-8638
e-mail: vendas@summus.com.br

Impresso no Brasil

Sumário

Apresentação 9
Introdução 11

PRIMEIRA PARTE – A teoria

1. Fundamentação teórica 27
2. Humanismo existencialista 29
3. Existencialismo fenomenológico 42
4. Teoria do Campo 63
   Considerações gerais 63
   Conceito de Ecologia Psicológica 65
   Conceito de Espaço Vital 68
   Conceito de estrutura 71
   Conceito de campo 78
   Conceito de causalidade e tempo 83
   Conceito de realidade 86
   Conceito de topologia 91
   Conceito de espaço hodológico 94
   Conceito de força 99
   Conceito de valência 101
   Conceito de equilíbrio 103
   Conceito de tensão 107

5. Teoria organísmica holística 114
   Características gerais 118

SEGUNDA PARTE – A técnica

6. O conceito de pessoa 143

7. Gestalt-terapia individual de curta duração 154
   Atitude do psicoterapeuta 154
   Objetivos 156
   Duração 158
   Seleção 159
   Modelo 161
   Gestalt-terapia individual preventiva de curta duração 163
   Gestalt-terapia individual focal de curta duração 166

8. Gestalt-terapia de grupo de curta duração 168
   O conceito de grupo 168
   Grupo como filosofia 175
   Definição 180
   Objetivos 180
   Procedimentos 181
   Modelos 184
   Gestalt-terapia grupal de curta duração 185
   Gestalt-terapia focal grupal de curta duração 186
   Gestalt-terapia preventiva grupal de curta duração 187
   Gestalt-terapia temática grupal de curta duração 188

Conclusão 191

APÊNDICE – Normas para a execução de um programa

Gestalt-terapia de curta duração 203
   Gestalt-terapia individual de curta duração...........................208
   Gestalt-terapia de grupo de curta duração............................216

Referências bibliográficas 229

Bibliografia 233

A minha mulher, Ziulma.
Aos meus filhos, Alexandre Augusto, João Paulo,
Ana Cecília, Carina Isabel, e a Maria Clarete;
a meus incansáveis curadores e psicoterapeutas silenciosos,
o sucesso desta obra, qualquer que ele seja.

A Keila Cristina e Francisca Rodrigues,
minhas dedicadas e pacientes secretárias.

Apresentação

Caros(as) leitores(as),

Tenho o prazer de apresentar *Gestalt-terapia de curta duração*, um texto há muito esperado, sobretudo por aqueles que já se dedicam a esse tipo de trabalho, sem um contexto teórico que lhes dê fundamentação e sustentação.

O texto aumenta nossas possibilidades de trabalho no enfoque das variadas formas de psicoterapia breve, hoje tão em voga no país e no mundo.

Este trabalho está centrado numa visão existencial-fenomenológica, que o diferencia dos demais alicerçados numa visão psicodinâmica ou cognitivista.

Acredito ser uma novidade na comunidade gestáltica, considerando o enfoque e a metodologia seguidos, trazendo para a comunidade brasileira e internacional o desafio de pensar esse tipo de psicoterapia, sem deixar de ser fiel à filosofia e ao método fenomenológicos.

A Gestalt-terapia, uma terapia existencial-fenomenológica, não pode se furtar à tentativa de dar respostas adequadas às urgentes necessidades de bem-estar que as pessoas procuram, desesperadamente, neste início de milênio.

Pensando em ecologia humana como tentativa de o homem viver internamente uma relação harmoniosa com o ambiente que o cerca, este texto pode ser considerado uma provocação ecológica, no sentido de tentar dar à pessoa humana respostas efetivas no mais curto espaço de tempo, fazendo-a pertencer ao universo de maneira integrada, e vice-versa, isto é, poder sentir o universo-como-um-todo, como uma viva resposta às suas necessidades de ser feliz.

A Gestalt-terapia propõe viver a experiência imediata do aqui--e-agora, num processo de devir e de advir, como resposta ao nosso instinto de autopreservação; portanto, ela não pode fugir à responsabilidade de responder sem medo, pronta e adequadamente, à experiência imediata de milhares de pessoas na espera de encontrar uma resposta para os seus males.

As questões de comportamento humano, tempo, profundidade e mudança não funcionam como causa e efeito. O ser humano, na sua dinamicidade, transcende essa linearidade.

Espero estar contribuindo para o desenvolvimento do campo teórico da psicoterapia e de uma visão da psicopatologia, vista como resultado de uma necessidade frustrada de equilíbrio organísmico e, em consequência, voltada para a busca de uma resposta eficaz que possa, mais fácil e rapidamente, preencher essas necessidades e refazer o caminho desse autoequilíbrio.

Jorge Ponciano Ribeiro

Brasília, 10 de fevereiro de 1999.

Introdução

Psicoterapia breve é uma questão atual. Chegou para ficar e tem sido objeto de estudo sob variados pontos de vista. Com certeza é uma das grandes trilhas dos novos tempos. Percebe-se, claramente, um movimento contínuo e consistente de uma nova forma de psicoterapia, que responda melhor às necessidades dos tempos atuais. A pressa, as dificuldades econômicas, a violência, o surgimento das novas doenças, enfim, uma série de modificações no planeta e do planeta tem obrigado o homem a repensar a questão da psicopatologia do cotidiano e da psicoterapia, sobretudo sob dois aspectos: o do tempo e o da profundidade. Tempo e profundidade pareciam ser indissociáveis. Para uma psicoterapia profunda, de re-estruturação, dizia-se, precisava-se de tempo. A prática, porém, tem mostrado que a ligação de causalidade entre duração de tempo e profundidade não procede, pura e simplesmente, contendo, apenas, parte da realidade. Um terceiro elemento se impõe: o do relacionamento humano e ecológico. Além disso, há ainda a questão da economia do tempo. As pessoas não têm mais tempo de ficar procurando soluções para suas dificuldades. Novas formas de psicoterapia se impõem, exigindo, sem perder a qualidade, respostas adequadas às necessidades imediatas das pessoas.

Respondendo a um apelo teórico e social, a psicoterapia breve vai se solidificando em consonância com a tendência moderna de maior presença da pessoa no mundo e, consequentemente, do cliente no seu processo decisório de mudança.

A literatura tem-se ampliado, criando um campo teórico a partir do qual novos horizontes se abrem, e a pesquisa tem-se desenvolvido rapidamente, procurando saídas concretas para as emergências da atualidade, no campo do comportamento humano, dando assim uma nova identidade à psicoterapia breve.

Acredito mesmo numa espécie de inconsciente acadêmico-coletivo, por intermédio da qual as mesmas ideias vão surgindo isoladamente, em partes diversas da Terra, no mesmo período. As necessidades universais do homem parecem criar uma consciência universal que produz as mesmas procuras. A psicoterapia breve é lugar-comum na maioria das grandes revistas da atualidade.

Um pouco de história:

Em 1918, Freud dizia em Budapeste:

> Esperamos que, de um momento para o outro, a consciência da comunidade despertará e reconhecerá que o indivíduo pobre tem tanto direito a auxílios para sua mente quanto tem agora no que se refere aos meios cirúrgicos para lhe salvar a vida.[...] as neuroses ameaçam tanto a saúde do povo quanto a tuberculose [...] nossa tarefa será, então, a de adaptar nossa técnica às condições de vida.[1]

Em 1933, propunha uma mudança na metodologia da psicanálise que alterasse o comportamento da busca psicoterapêutica, passando da regra "tornar o inconsciente consciente" para "colocar o ego no lugar do id".

Em 1937, propunha estudar-se a possibilidade de novas técnicas que abreviassem a análise.

Apesar de Firenczi – mais formalmente considerado o pai da psicoterapia breve –, essas colocações de Freud deram início a um processo, dentro e fora da psicanálise, de singular importância e sem retorno.

Em 1958, Balint, após três anos de estudo sobre a psicoterapia breve na clínica Tavistock de Londres, dizia

[...] não haver diferença essencial entre os resultados obtidos pela psicoterapia breve e os de tratamentos prolongados, e os métodos breves têm suas indicações próprias, podendo até mesmo ser mais adequados, em determinados casos, do que os métodos mais demorados.[2]

O grito de alerta de Freud parece estar ecoando sobre o mundo a tal ponto que mesmo teorias supostamente sem um embasamento epistemológico para este tipo de trabalho começam a ser repensadas metodologicamente e, indo mais além, começa a ser comum falar da necessidade de repensar não só a psicoterapia individual, mas mesmo aquela de grupo, quase na trilha de uma proposta de "globalização mental".

Temos de encontrar um sistema aberto, no qual todas as possibilidades e abordagens possam ser reconhecidas. Os terapeutas são, simplesmente, humanos. "É natural que suas próprias teorias e valores limitem o que ouvem, veem ou pensam. Mas, sendo humanos, também possuem a capacidade de evoluir e abrir-se o bastante para assimilar a mudança, quando esta se impõe."[3]

Braier, por exemplo,[4] expressa sua perplexidade diante de modificações profundas da personalidade, obtidas pela psicoterapia breve, sem que tenha havido conhecimento e elaboração das raízes do problema. Wolberg constata que, "às vezes, se produzem reações em cadeia, sem que haja interferência de nenhuma deliberação consciente, em virtude de forças que escapam ao nosso conhecimento".[5]

Essas colocações são suficientes para nos levar a uma reflexão mais profunda sobre a natureza da psicoterapia em geral. Acredito, até mesmo, que têm de ser precedidas daquelas sobre a natureza do ser humano. Nenhuma psicoterapia é um processo isolado, saído do nada. Reflete, sempre, uma ideologia do homem.

Quando passamos de uma visão psicanalítica a uma cognitiva, de modificação de comportamento ou relacional, estamos afirmando que pensamos a pessoa humana de maneira diferente, sendo então diferente nossa abordagem sobre ela. Estamos saindo de um nível transferencial, em que o inconsciente é o ponto de referência, para um nível consciente, no qual a consciência, como totalidade cognitiva emocional, assim como o encontro, como contato, se tornam o ponto de referência.

Estamos considerando uma forma de psicoterapia breve, na qual a pessoa, como um todo, é o centro de convergência de toda a ação psicoterapêutica. Não se trata de um momento de poder psicoterapêutico, mas, antes, de um momento em que a pessoa é convidada a ampliar sua percepção ao infinito, vendo as coisas exatamente como são, descobrindo suas possibilidades e, nelas, vendo-se possível e realizado na vida. Estamos pensando em estar com esta pessoa de forma simpática, empática e incluída, de maneira que o contato seja o instrumento realmente transformador, no qual o desejo do psicoterapeuta seja apenas aquele de estar ali inteiro, sem prevenção, sem prejuízo, imerso na experiência imediata da pessoa e profundamente consciente da sua, de tal modo que o objetivo psicoterapêutico seja a ampliação dessa experiência humana, independentemente de para qual lado caminhe o resultado.

A vivência da totalidade fenomenológica e a própria postura fenomenológica supõem este estar-aí, vivo, coerente, ligado no fenômeno, atento às mudanças que acontecem.

O método fenomenológico não supõe um deixar-fazer, uma neutralidade silenciosa. Ambos, psicoterapeuta e cliente, são humanos, sentem, choram, têm raiva, têm medo, arriscam-se, erram, pensam, formulam hipóteses, têm sensações, emoções e desejos que, às vezes, não podem ser confessados. A psicoterapia é um encontro assim. Tudo isso está presente. Não vamos fingir que somos divinos, porque somos de carne e osso. Isso não significa que vamos misturar nossas coisas com as do cliente, que vamos transformar o encontro num encontro social. Isso significa sim que, no encontro psicoterapêutico, essas coisas são testemunhas de nossa humanidade; que estar na experiência imediata nossa e do outro é ter uma consciência emocionada dessas dimensões. Estamos em um imenso campo "biopsicossocioespiritual"; portanto, temos de nos relacionar com nosso interior como seres que têm um corpo, uma psique, um social e também uma dimensão transcendente. Se essas quatro dimensões não estiverem presentes no ato psicoterapêutico, o encontro não ocorre, a consciência não se amplia, a totalidade não se faz e o fenômeno é renegado.

A psicoterapia será tanto mais breve quanto mais essas quatro dimensões revelarem-se em ambos os lados. Quando uma dessas dimensões falta ou é tecnicamente excluída, nega-se a experiência imediata totalizadora, e o processo arrasta-se à procura de uma homeostase, de novo, provisória.

É nesse espírito de abertura, de totalidade, de veneração pelo outro que qualquer metodologia deve caminhar.

O homem é um eterno e incansável pesquisador. Muitas vezes, sua doença é fruto de sua curiosidade, da busca tumultuada de si mesmo e do outro. Nós nos propomos humildemente tentar dar resposta a estas perguntas essenciais: quem sou eu? Qual o sentido de estar aqui neste planeta? Existe um "para quê" em tudo isto?

O ser humano está sempre à procura de sua autoequilibração. Mesmo quando ele se encontra diante de dificuldades que se opõem à sua realização, existe dentro dele uma força, uma energia que o conduz, quase instintivamente, à procura dos meios necessários à consecução de seus desejos.

O universo, como o homem, persegue sua finalização.

O desequilíbrio, em forma de conflito, de dor, de angústia, traz no seu bojo uma tentativa desesperada de equilibração. O vento, quando sopra violento, destruindo e levando dor e morte por onde passa; a chuva, quando forma rios caudalosos que invadem a terra, destruindo plantações e esperanças humanas; a doença, quando toma conta do corpo, trazendo desconforto e tristeza, estão, a seu modo, seguindo seu caminho de autocompensação pela desatenção do homem, pela sua falta de cuidado ao quebrar a harmonia, como se o universo não fosse capaz de responder às suas provocações.

Na natureza, nada é solto, solitário. Formamos um grande sistema, uma estrutura fantástica, em que todas as partes respondem subsidiariamente uma pela outra.

Totalidade não é um construto, algo estático, conceitual. Totalidade é um processo, uma matriz em constante movimento, um processo vital produtor de infinitas possibilidades, em que tudo pode tornar-se possível, muitas vezes, independentemente do estímulo desencadeador.

O universo não funciona linearmente, como algo programado para produzir sempre as mesmas respostas, como uma tecla de piano quando tocada. Não estou afirmando ou negando a previsibilidade do universo, mas a própria previsibilidade pode oferecer suas surpresas. É necessário que formulemos hipóteses, se quisermos agir cientificamente. As hipóteses, porém, podem não ser confirmadas porque não se pode captar a totalidade das possibilidades, uma vez que variáveis intervenientes operam, muitas vezes, com base em parâmetros desconhecidos.

O homem, a duras penas, começa a compreender que não pode tocar, impunemente, nas partes, porque a totalidade responde em conjunto.

Contaminar rios, derrubar florestas, poluir e aquecer a atmosfera dos mais variados modos pode, estranhamente, produzir uma diminuição de peixes, aumentar o calor, gerar doenças pulmonares, violência, desinteresse pela vida e um mal-estar generalizado, porque a relação entre causa e efeito não é apenas linear, mas segue uma lógica de macrossistemas ou de superposição de campos.

Essas considerações nos advertem, como piquetes em área não conhecida, do cuidado que devemos ter para entrar em um campo, numa estrada que nos levará a certa revisão de um campo de conhecimento que já foi muito pesquisado, mas precisa ser ultrapassado.

Essas reflexões deixam claro que estamos rompendo com um discurso institucionalizado, cartesiano, aristotélico, ou seja, estamos propondo uma reflexão diferente, talvez nova, na área da psicoterapia breve individual ou de grupo.

Estamos falando de uma visão fenomenológica e estrutural, na qual o conceito de totalidade funciona como uma bússola, que indica sempre por onde começar, como compreender a realidade, como lidar com ela. Estamos dizendo que pessoa e sintoma não podem ser pensados isoladamente. Estamos dizendo que sintoma é figura de um fundo complexo, o qual só poderá ser desvendado a partir do momento em que a pessoa for vista sempre na sua relação com o mundo.

Na psicoterapia breve tradicional, o sintoma é visto e tratado como figura. Na nossa perspectiva, há uma inversão. O sintoma passa a ser fundo, e a vida da pessoa, como realidade total emergente, passa a ser figura. Como o corpo segue a lei da preferência, será a relação corpo-mente-mundo que nos dará a pista para nos aproximarmos da pessoa como realidade total.

Estamos lidando com o conceito de tempo não como uma unidade em si mesma, como algo absoluto, mensurável, planejável.

O tempo é uma ilusão e, como tal, tem de ser entendido, vivido e experienciado. Passa a ser sentido como real e medido na razão em que se começam a estabelecer relações. Falamos de séculos, anos, horas e até de segundos e, nesse sentido, o tempo é uma relação, uma função de sucessão de momentos entre duas realidades.

A psicoterapia breve deverá ser pensada como decorrência de quatro elementos: o cronológico, no qual as três dimensões do tempo – passado, presente e futuro – têm um papel importantíssimo no planejamento do aqui-e-agora psicoterapêuticos; o experimental; o experiencial e o existencial.

Não é a ação psicoterapêutica que tem de ser pensada como breve ou emergencial. É a pessoa quem precisa viver e conviver com um processo e com um método que lhe permitam, em curto espaço de tempo, respirar liberdade e vida.

A pessoa humana vive seu processo de mudança a partir dos quatro níveis do ser: o cronológico, o existencial, o experiencial e o experimental, que chamo de níveis de autorregulação organísmica.

As psicoterapias breves terão, necessariamente, de levar em conta as dimensões do tempo e os níveis de ressonância organísmica que cada pessoa vive. Isso significa pensar um método de trabalho em que a pessoa se sinta engajada, comprometida com a própria mudança, como algo renovador e compensador.

Estamos lidando com o tempo e com a existência como totalidades e, nesse sentido, a expressão "psicoterapia breve" é inadequada,

pois deveria ser função de um processo, de uma relação pessoa-
-mundo-mudança, e não de tempo cronológico.

A grande questão, com base na qual se definirá psicoterapia
breve, não deveria estar centrada na temática do tempo, mas na do
método de ação, da relação que se estabelece dentro da pessoa e sua
proposta de mudança, no ato de mudar-se e no tempo necessário
para consegui-lo.

Assim, invertemos as razões para não apoiar, filosoficamente, a
distinção entre psicoterapia prolongada em relação à psicoterapia
breve, como vista por Wolberg,[6] na introdução de seu livro *Psicoterapia breve*:

1. "É preciso tempo para remover as camadas de defesa e penetrar no núcleo conflitual."
   De que tempo fala o autor? Do cronológico? Se pensarmos
   em tempo experiencial ou existencial, tudo pode acontecer
   em questão de um momento. A iluminação não supõe tempo; supõe, sim, procura. O autor pensa no processo de mudança como uma operação matemática, na qual uma coisa
   causa a outra.

2. "É preciso tempo para recrutar a cooperação do ego racional a fim de aceitar novas introvisões."
   O ego não é apenas racional, é corporal. O que faz despertar
   a cooperação do ego não é o ato terapêutico em si, mas a necessidade de solucionar os problemas. Quanto mais necessidade de equilibração organísmica o ego sente, tanto mais ele
   recorrerá às suas forças restauradoras, e tudo pode acontecer em minutos.

3. "É preciso tempo para traduzir essas novas introvisões em
   ações e recondicionar novos modos de pensar, sentir e se
   comportar."
   Contato e *awareness* são os conceitos que presidem as mudanças no ser humano. Quando se consegue desenvolver na
   pessoa uma consciência reflexa e emocionada, o contato

torna-se mais espontâneo e, em consequência, criativo. As mudanças vão ocorrer na razão em que cessarem os motivos falsos, que mantêm a neurose, e novos motivos tornarem-se disponíveis.

4. "É preciso tempo para elaborar um conceito de eu, isento do apoio das defesas neuróticas."

Na realidade, a resistência não é resistência ao contato com o objeto introjetado incômodo, mas, sim, resistência à consciência sobre para que serve esse mecanismo. Se se trabalha, ao mesmo tempo, a resistência ao contato e à consciência reflexa emocionada, o eu, quase naturalmente, se redescobre percebendo que a manutenção da resistência é, no mínimo, antieconômica.

Por essas razões, reafirmo que a temática do tempo para as psicoterapias prolongadas é mais uma questão de ideologia de como a personalidade é do que de como pode ou poderia ser ou funcionar.

O tempo, no nosso contexto, não é um nome, uma medida, é um processo; a pessoa é senhora e não vítima de si mesma, e o inconsciente não é estático, é dinâmico.

Masserman,[7] discorrendo sobre as raízes histórico-comparativas e experimentais da psicoterapia breve, levanta uma questão importante, por enquadrar-se na questão maior do humanismo, que será discutida na primeira parte.

Ele afirma que pode parecer uma supersimplificação, mas todas as técnicas utilizadas para ajudar aqueles que sofrem se reduzem a três pressupostos, que ele admite ser também aqueles nos quais a psicoterapia breve se apoia.

Primeiro, podemos tentar controlar as coisas materiais e assim reafirmar nosso domínio técnico sobre o universo. Segundo, podemos colaborar com nossos semelhantes e assim estabelecer amizades cooperadoras com outros seres humanos. Ou, terceiro, podemos recorrer a um sistema de crenças, quer lhe chamemos ciência, filosofia, metafísica ou teologia, e assim encontrar ordem e segurança para um universo caótico em muitos outros aspectos. Historicamente, é demonstrável que estes três métodos têm sido usados desde as origens da vida humana.

Masserman resgata, de maneira precisa, todo o processo de satisfação das necessidades básicas que atormentam o ser humano por meio de um processo que parte do campo geográfico, passa àquele psicoemocional, deste àquele socioambiental e deste àquele transcendental e espiritual, a partir de como vem o homem primitivo se autorregulando com o mundo.

Fazer psicoterapia breve é ajudar os que necessitam da experiência e da vivência desses quatro campos, no espírito de ajudar o outro a ajudar a si mesmo, usando todo o potencial que cliente e psicoterapeuta sentem ter à sua disposição.

A literatura corrente, quase por unanimidade, afirma que a psicoterapia breve é mais uma psicoterapia corretiva, sintomática, reparativa, do que reconstrutiva da personalidade.

Atribui tal fato ao tempo, que é curto, e a certa incapacidade de a pessoa produzir em si mesma mudanças reconstrutivas num curto espaço de tempo.

Tal suposição reflete a ideologia do inconsciente, uma postura determinista, uma filosofia de relação linear entre causa e efeito.

Nossa visão caminha em direção diferente, com base em uma crença firmíssima de que o homem é senhor de suas emoções, tem um poder interno de autorregulação que está sempre presente, e o fato de ser pessoa lhe confere força e poder para decidir seu universo interno. Nessas circunstâncias, o tempo tem de ser visto em outra dimensão que não a cronológica, e afirmamos não existir uma causalidade linear entre comportamento psicoterapêutico, mudança e tempo.

Não negamos o fato de, muitas vezes, as pessoas adoecerem gravemente, viverem processos mentais de extrema complexidade, necessitarem, portanto, de cuidados especiais, que demandam tempo, constância e habilidades especiais. Não debitamos, porém, essa limitação ao tempo ou à impossibilidade de a pessoa mudar em curto espaço de tempo. A razão reside em outros campos, como aqueles das relações complexas entre vontade e poder, percepção e aprendizagem, e outras razões.

Repito, portanto, que a questão mestra da psicoterapia breve não é o tempo em si, mas o que fazer, e como, dentro desse tempo. Toda psicoterapia reflete uma teoria da personalidade que lhe dita um método e técnicas decorrentes. Estamos nos propondo a mudar de caminho, a buscar em outras teorias noções diferentes de tempo, de pessoa, de aprendizagem.

A primeira pista é ver a pessoa humana como uma totalidade harmoniosa e produtora de vida.

Para tanto, temos de procurar pressupostos filosóficos que nos deem essas pistas, orientando-nos na busca de uma postura psicoterapêutica, na qual cliente e psicoterapeuta se encontrem em um campo diferenciado, mas de simpatia, de empatia e de verdadeira inclusão, em que o processo psicoterapêutico inclua, de fato, psicoterapeuta e cliente numa postura de crenças recíprocas, postura centrada na relação entre pessoa e pessoa.

Nessa dimensão, passo a chamar a psicoterapia breve de psicoterapia de curta duração.

Entretanto, antes de prosseguirmos nosso trabalho, quero fazer três esclarecimentos que nos situam na questão maior da psicoterapia breve:

1. Desenvolveremos uma longa base teórica, abordando as principais raízes da Gestalt-terapia. Esse estudo tem especificamente a intenção de apresentar um modo de pensar, sentir e agir na realidade e com ela. Essas reflexões são úteis a qualquer forma de psicoterapia gestáltica, breve ou longa. A Gestalt-terapia, bem como outras formas de psicoterapia humanística, está propondo um novo paradigma em psicoterapia. Parafraseando Thomas Kuhn, propondo "um conjunto de convicções compartilhadas pela comunidade científica mundial que servem de base à compreensão humana". Estamos tentando, portanto, pensar mais livremente o ato psicoterapêutico no que ele significa em si mesmo e como re-

lação eu-mundo-psicoterapeuta. Não estamos, assim, fazendo uma teoria ou pré-teoria que se aplique única e exclusivamente à psicoterapia de curta duração.

Também é nossa intenção, considerando a falta quase absoluta de textos que numa visão existencial-fenomenológica desenvolvem essas raízes de maneira clara e aprofundada, trazer uma contribuição e dela retirar o espírito necessário ao comportamento psicoterapêutico. Não importa se trabalhamos na forma longa ou breve em psicoterapia.

A regra básica da Gestalt-terapia é: ver, observar, descrever, interpretar (reduzir, sintetizar ou interpretar no sentido amplo), em determinado campo, em dado momento.

Isto supõe: a) inclusão no objeto do conhecimento; b) espacialidade e temporalidade convergentes; c) dentro e fora, como figura e fundo, num processo de mutualidade; d) sujeito e objeto como totalidade fenomênica.

O método fenomenológico supõe presença, participação ativa na apreensão do objeto em questão, redução fenomenológica ou busca da essência, intencionalidade e ação. Não supõe sugerir autoritariamente, impor, mandar, decidir pelo outro, embora conviva com a sugestão, com a explicação, com a proposição, com a focalização do objeto, com a participação na experiência imediata do outro.

2. Usamos ao longo do texto a expressão "psicoterapia de curta duração". Estamos conscientes da variedade de nomes que esse tipo de psicoterapia vem assumindo na razão em que novas necessidades surgem: psicoterapia breve, psicoterapia focal, psicoterapia de apoio, psicoterapia de intervenção em crise, entre outras.

Embora saibamos que cada uma dessas denominações tem especificidades próprias, a literatura tem desenvolvido modelos diferentes, com base também em ideologias e realidades diferentes, dos quais optamos não fazer essas distinções.

Enquadram-se na nossa denominação de psicoterapia de curta duração as chamadas psicoterapia breve, de confronto, de intervenção em crise e de apoio. Essas distinções têm sido feitas com base numa ideologia de fundo, num comportamento psicoterapêutico previsto ou desejável, de acordo com o momento, com o sintoma, com o quadro que a pessoa faz ou traz, com a urgência que cada situação apresenta, bem como a ideologia pessoal do psicoterapeuta. Nós não fazemos essa distinção, porque:

- estamos, de fato, apresentando uma nova proposta, baseada, sobretudo, na Teoria do Campo e organísmica, tendo o existencialismo fenomenológico como metodologia de fundo;
- estamos centrados na pessoa-como-um-todo. É ela quem nos dita o que fazer e, talvez, até como fazer;
- o gestaltista, imbuído profundamente das teorias de base que fundamentam o ato psicoterapêutico, deve descobrir, em cada situação, o que fazer e como fazer. Não existem regras pré--estabelecidas. É a partir da experiência imediata vivida pelo cliente que nasce a experiência imediata da ação do psicoterapeuta. Os nomes, nesses momentos, não importam;
- a psicoterapia de curta duração não tem uma indicação por si só, no sentido de ser obrigatoriamente salvadora. Ela é fruto de um acordo entre a necessidade de viver de uma pessoa e uma técnica. A essência da psicoterapia de curta duração, seja breve, de crise, de apoio, é que o seu tempo é limitado ou delimitado pela vontade explícita da pessoa que deseja ser atendida em um breve espaço de tempo. É a vontade da pessoa que, formal e essencialmente, determina o tipo de intervenção a ser feita.

Determinar esse tempo pode até ser uma questão técnica, mas não apenas técnica. É a relação entre vontade, necessidade, urgência do cliente e possibilidades técnicas do psicoterapeuta que determinará o tipo de intervenção.

3. Estamos propondo duas metodologias de curta duração: uma individual e outra de grupo.

Gestalticamente falando, estamos mudando o enfoque: os enfoques comuns às psicoterapias breves fazem do sintoma uma figura. A psicoterapia de curta duração faz do sintoma um fundo. Tudo o mais decorre dessa percepção.

Estamos pensando um sistema de psicoterapia no qual, de um lado, a pessoa possa se sentir inteira, coparticipando de seu processo, usufruindo de sua liberdade de ação e de decisão, e, do outro, o psicoterapeuta possa estar inteiro na relação sem perder seus referenciais teóricos, sendo ativo sem ser intruso, sendo direto sem ser autoritário, sendo presente sem ser sufocante, estando atento à experiência imediata sem impor nada, confrontando sem tirar a liberdade do outro de decidir.

primeira parte

A teoria

1
Fundamentação teórica

Damos início a uma longa fundamentação teórica. Tive dúvidas de como proceder: toda a fundamentação teórica primeiro, ou fundamentação teórica e prática juntas, ou fundamentação teórica, operacionalizando certos conceitos e, no final, a parte mais técnica. Optei pela última. A técnica, portanto, deve ser vista sempre dentro do contexto teórico que a antecedeu.

Os pressupostos teóricos que fundamentam nosso trabalho e que passaremos a desenvolver são:

- Humanismo existencialista
- Existencialismo fenomenológico
- Teoria do Campo
- Teoria organísmica holística

Essas teorias serão desenvolvidas somente enquanto nos ajudarem a fazer a ponte entre elas e a prática. Não é nossa intenção um aprofundamento. Dessas teorias esperamos inferir os caminhos que nos mostrarão o significado de nossas posições, dando, assim, subsídios a uma metodologia de trabalho que organize nossas atitudes.

Formularemos, para cada teoria aqui exposta, possíveis atitudes que o terapeuta poderá assumir de acordo com a leitura da realidade como um todo, envolvendo terapeuta-cliente-ambiente, em decorrência direta ou analógica de conceitos básicos que formam o campo teórico dessas abordagens.

Ao apresentar essas teorias e, sobretudo, alguns conceitos emergentes delas, é nossa preocupação tentar passar da teoria à prática cotidiana do consultório, considerando que toda ciência é uma ciência do homem para o homem. Qualquer explicação científica, ainda que seja aquela da organização do cosmos, é feita por pessoas e não pode ter outra finalidade a não ser a de tornar o homem mais compreensível e compreendido neste concerto cósmico. É o homem quem dá sentido à ciência. Nada mais natural do que tentar essa aproximação, às vezes por identidade, às vezes por analogia, entre os princípios expostos e a prática do consultório.

Em certas paisagens, poderá parecer que se está dando um salto, forçando a aplicação de conceitos técnicos para a compreensão do comportamento humano. Nesses momentos, temos de procurar o elo existente entre todas as coisas, por meio do qual todos os seres se relacionam entre si e se tornam compreensíveis uns aos outros pela lei universal da semelhança.

Talvez eu pudesse chamar esse processo de *busca da intencionalidade cósmica*.

2
Humanismo existencialista

Pitágoras dizia: "O homem é a medida de todas as coisas".

Definir humanismo é penetrar na profundeza do significado dessa afirmação e colher nela um desenvolvimento teórico e uma postura filosófica que têm na pessoa humana o centro da existência e do mundo.

É com base nele que a transcendência e a horizontalidade dão sentido à concretitude e à realidade do mundo. Ele é centro do universo, não por acaso, mas por poder. Apesar de todas as contradições a que o homem se expõe e expõe o universo, ele lhe dá sentido e ordem.

O homem não é algo abandonado no universo, vagando sem rumo e sem destino, vítima de si mesmo. Ele se usa para compreender o universo e usa o universo para se fazer compreensível a si mesmo.

Ser de passagem, um mutante por essência, o homem, diferentemente de todas as outras coisas, está, no universo, em íntima harmonia e interdependência com ele, distinguindo-se de todos os outros seres pela liberdade, pela vontade, pelo poder de se recriar cotidianamente. Ele dá sentido a si mesmo e ao universo que o cerca.

Nesse contexto, mais do que uma psicoterapia centrada no homem, pensamos uma psicoterapia que tenha o homem como centro, em que ele tenha o poder de se recriar, de tomar posse de si mesmo, não obstante tenha de conviver com sua fragilidade, com a morte, com a doença, com o desespero.

Humanismo significa o resgate do humano, do positivo, da beleza, da força, da espontaneidade perdida e da criatividade que geram infinitas possibilidades de caminhos diferentes. Significa que, no caminho da reconstrução da identidade perdida ou confusa, procuramos no ser humano o que ele tem de bom, de positivo, de inteiro, de potencialmente transformador; aquilo que o cliente sente ter de melhor à sua disposição.

O ser humano é um sistema e funciona como tal. Nesse sistema, existem áreas superpostas, regiões em intersecção para usar a linguagem da Teoria do Campo. Aí, valências ou valores, no sentido de coisas que contam, convivem, positiva e negativamente. A pessoa humana é uma valência positiva, por natureza e ontologicamente; em consequência, não *adoece por inteiro. Em vez, então, de trabalharmos só o sintoma, valência negativa, trabalhamos o processo, valência positiva, ou seja, as forças que mantêm o sintoma; começamos pela parte mais preservada da personalidade.*

Nesse contexto, "a finalidade da psicoterapia é levar o cliente à sua consumação, isto é, a desdobrar-se até a plenitude de sua existência, ou seja, levá-lo à plenitude no agir, no pensar, no expressar-se pela linguagem".[1]

Outra não poderia ser a finalidade da psicoterapia, senão aquela de levar o ser humano a conviver em plenitude *com seu agir, com seu pensar, com seu sentir e com sua linguagem.* Temos de pensar num processo que envolva, necessariamente, essas dimensões humanas básicas. Pensar, sentir, agir e falar em plenitude é usar o poder humano de maneira radical, profunda, sem ambiguidade. O neurótico esbarra em cada um desses momentos. Mudar significa re-encontrar a acepção original de cada uma dessas dimensões. Estamos propondo uma forma breve ou mais breve de psicoterapia, na qual a pessoa possa re-encontrar-se, o mais originalmente possível, com essas dimensões esquecidas dentro dela, no mais curto espaço de tempo.

Nesse sentido, toda psicoterapia terá de ser radical, ir até as raízes, sair da coisa em si e ir ao "em si" das coisas, sair do sintoma e encontrar o processo, descobrindo as infinitas possibilidades que moram em cada ser humano. A neurose é, muitas vezes, a perda do sentido das próprias possibilidades e a perda da crença na própria capacidade.

Estamos saindo do determinismo da essência para a flexibilidade da existência, sempre rica em caminhos, companheira do novo e do diferente, lembrando-nos que a pessoa se redefine, cotidianamente, existindo.

Como ser de possibilidades, o homem é novo a cada momento que passa, e ele se torna possível e viável quando, olhando suavemente para dentro de si mesmo, percebe-se mais belo, mais inteligente, mais capaz e livre do que se imaginava.

As pessoas não sabem mais olhar para dentro de si mesmas e se ver como são: imensas, sagradas, plenas de potencialidades. É função da psicoterapia colocar a pessoa, a todo instante, diante de si mesma, olhando-se sem prevenção, sem desprezo, sem culpa de querer ser feliz, mas com amor, orgulho de si mesma, com fascínio e celebração da própria realidade.

Não basta ensinar as pessoas a descobrirem as causas de suas desgraças. É preciso ensiná-las a conviverem eficazmente com sentimentos de esperança e de transformação.

Concebemos a pessoa humana não como algo abstrato, mas, sim, real, concreto, aqui-e-agora consciente, capaz de assumir responsabilidades por si mesma e de se relacionar construtivamente no mundo e com o mundo.

> O homem é singular [...]. Apenas ele tem consciência da sua singularidade. Portanto, o homem é a categoria central da existência. A existência individual, assim como a concebe Kierkegaard, é para ser vivida. Kierkegaard exalta o concreto, o singular, o homem enquanto subjetividade.[2]

O homem, portanto, não é uma classe. Deve ser visto como capaz de individuar-se a cada momento, e cada vez mais, em harmonia com o mundo fora dele. Subjetividade e individuação são componentes normais no processo de percepção e aprendizagem humanas.

Concebemos a consciência como algo dinâmico, relacional, voltado para o mundo e sempre visando ao mundo por meio do processo da intencionalidade. A consciência é sempre consciência de alguma coisa e, como tal, é intencional. Busca sua complementação a todo instante, não se engana, apenas não percebe toda a realidade. Dá sentido à realidade que se oferece à nossa observação. *Ela é, portanto, dominada pela liberdade, pela vontade e pela intencionalidade.* Sabe o que é bom para o sujeito e tem a natureza voltada para perceber o sentido último e verdadeiro das coisas. A pessoa explica o mundo e não o contrário.

Temos, portanto, de pensar uma forma de psicoterapia transformadora, na qual o pensar, o sentir, o agir e o falar se unam, formando uma clareza maior do processo da consciência, como resultante de uma totalidade significativa.

Isso significa que, do ponto de vista técnico, a pessoa pode experienciar o pensar, o falar e o agir como algo sincrônico, do qual passa surgir maior harmonia de comportamento na relação pessoa-mundo. Uma psicoterapia da totalidade, em que a pessoa é pensada como parte integrante da realidade circundante.

> Esta visão unitária do ser como-um-todo-no-mundo e do mundo como-um-todo-no-ser cria um sentido de convergência e de divergência, faz fluir da realidade maior uma realidade menor, numa relação harmoniosa de figura e fundo, em que as necessidades pessoais e os desejos surgem com nitidez ou com a opacidade própria dos movimentos humanos de identificação da realidade presente.[3]

Concebemos a pessoa, portanto, capaz de se ajudar, de saber o que é melhor para si e de escolher os melhores caminhos para atingir seus fins. Entendemos que, apesar das aparências, ela jamais perde todo seu referencial interno de lidar com o mundo, apenas muda os referenciais.

A própria loucura é um referencial cuja lógica interna poderá ser aquela de criar uma barreira rígida, de tal modo que o Espaço Vital seja considerado propriedade exclusiva do seu senhor. Torna-se um campo fechado, aparentemente sem conexão aberta para outros campos. Às vezes, recolher-se é o único ato possível e inteligente para poder sobreviver.

A psicoterapia, portanto, tem de pensar o indivíduo na sua totalidade de relacionamentos e deve poder ajudá-lo no sentido de se ver possível e capaz nessa multiplicidade.

A individualidade é um dos princípios básicos do existencialismo. Isso significa que a pessoa humana é irrepetível e, muitas vezes, o que é bom para alguém ou para um grupo pode não ser para determinada pessoa.

Pessoa e existência devem ser concebidas como uma totalidade. A existência não é apenas função de tempo, mas uma função de campos. Isso significa que a existência de alguém só se faz compreensível a outro na razão em que este outro é visto nos vários campos que compõem seu Espaço Vital, do qual emana a compreensão do mundo como realidade relacional.

O homem é um projeto existencial. Só ele pode cuidar de sua execução, de sua modificação ou de sua interrupção. Ele, como aqui-e--agora, existe como antecipação de si mesmo.

É nessa ambiguidade que se encontram sua força como ser-aí e sua confusão como ser que será, pois ser pessoa é autodefinir-se permanentemente. *A pessoa, portanto, é aquilo que ela está naquele momento.* Com relação ao futuro ou à sua fantasia, será sempre um devir, uma Gestalt inacabada. Se, para muitos, isso pode significar a possibilidade de mudar para melhor, para outros pode significar a sensação de um vazio existencial pela impossibilidade de se definir. Tal dado talvez implicasse uma ausência de identidade e, para outros, ainda, a sensação pesada de que se pode estar sempre pior do que ontem.

Isso nos remete à questão fundamental da liberdade e, em consequência, à da responsabilidade. Nesse contexto, a ideia de contato, de relacionar-se por meio da totalidade que cada um tem dentro de si, torna-se um conceito básico no processo psicoterapêutico.

O homem, portanto, cria o próprio mundo na razão em que lhe dá significados e, por intermédio de sua subjetividade, distingue-se dos demais seres, impede-se de se tornar objeto, torna-se pessoa e não coisa como as demais coisas. Dá sentido a si mesmo.

O processo psicoterapêutico de curta duração deve lidar como figura em relação ao conceito e à prática da liberdade e da responsabilidade. Esses dois conceitos envolvem processos que demandam uma constante ampliação da *awareness*. A neurose é um dado em um dado maior, a pessoa. Existe nela uma superposição de campos na qual doença se intersecciona com saúde. Pretensamente, a neurose toma conta do campo experimental da pessoa, que passa a agir de maneira mais desconectada com a realidade.

É fundamental que o processo psicoterapêutico coloque a pessoa, o tempo todo, diante de sua experiência imediata, tanto do ponto de vista da consciência quanto do da emoção.

O psicoterapeuta não pode e não tem de decidir nada para o cliente, mas pode decidir com o cliente, num encontro profundo que de fato contamine a totalidade da relação.

A presença do psicoterapeuta, silenciosa, clara, esclarecedora, empática, ajuda o cliente a se ver e se rever no mundo, como um ser de poder e de possibilidades reais.

Psicoterapia de curta duração significa que cliente e psicoterapeuta se comprometem com a experiência imediata do vivido, cada um em seu lugar, mas ambos olhando para o mesmo ponto e possuídos de esperança, cuja força transformadora deve parecer o sustentáculo do processo de mudança.

A Gestalt-terapia é uma forma de psicoterapia centrada na existência, com uma visão clara dos conceitos de individualidade, subjetividade, liberdade, cuidado, espera, escolha e responsabilidade. Sua proposta é que cada um possa realizar-se como um projeto integrado, saudável, harmonioso. Não pretende curar, mas operar mudanças, as quais, por sua vez, podem constituir um processo de cura.

Essa teoria, no entanto, deve se tornar uma prática vivenciada na relação psicoterapêutica por meio de comportamentos consequentes e operantes, para sermos fiéis à questão maior do humanismo e ao princípio de que a pessoa humana é a medida de si mesma, sabe o que ela é, o que quer e aonde pretende ir.

Faremos daqui em diante, com base no exposto, uma ponte entre a teoria e a prática cotidiana do consultório, que será um modelo, uma sugestão de como, usando esses conceitos, a psicoterapia de curta duração pode ser experienciada e explicitada, sem preconceitos.

A relação terapêutica nos oferece uma infinidade de possibilidades de compreensão do processo desejado de mudança. A escolha, entretanto, do que fazer com uma ou outra trilha dependerá de algumas variáveis internas e externas que devem ser vistas na sua totalidade, isto é, na sua interdependência; são elas que nortearão a intervenção do terapeuta. São exemplos de variáveis:

- a sensibilidade de percepção do terapeuta;
- a necessidade objetiva do cliente;
- a possibilidade interna do cliente de experimentar novas atitudes e o suporte que possui para isso; e
- a expectativa de êxito ante o estado ou o problema anterior e sua possível mudança de enfoque, permitindo ao cliente novas posturas.

Esses são alguns dos elementos que, considerados no seu conjunto e em interdependência, orientam e motivam terapeuta e cliente a construir uma trilha, em vez de outra, na procura da mudança.

O processo de mudança implica uma reformulação no sistema de percepção, aprendizagem e solução de problemas que o cliente viveu anteriormente e por meio dos quais se tornou, momentaneamente, sem habilidade para lidar com sua mudança, fixando-se no problema.

O processo terapêutico vai partir de uma tentativa de ajudar o cliente a fluir, a sentir diferentemente, a ter consciência de sua totalidade como ser de possibilidades, a mobilizar-se com base em uma nova consciência, a encontrar meios adequados, permitindo uma interação emocionalmente inteligente entre ele e a realidade, fazendo um contato criativo em que possa se ver novo na mudança, sentindo-se feliz por se ver ativamente em mudança, retirando-se de um estado de sofrimento para uma postura de esperança, não obstante desconhecer os possíveis resultados.

Esperar e querer são fundamentais no processo de mudança porque implicam que a pessoa reacredite na força de suas próprias possibilidades e na sua capacidade de um enfrentamento novo com o mundo, de maneira mais objetiva, porque se baseia em uma percepção mais consciente de suas possibilidades e chances de mudança.

O terapeuta, centrado numa visão humano-existencial, coloca-se diante da pessoa como uma esponja pronta para receber os mínimos estímulos que partem do cliente e se oferece, num encontro de pessoa para pessoa, para uma caminhada que o cliente se propõe a fazer, tendo nele seu companheiro de procura e buscas.

O terapeuta não organiza, não impõe ações ou rumos; ele se organiza na ação do outro, colhe no pensar, no falar e no agir do outro a atmosfera que vive e na qual se aprisionou; e é a partir desse encontro com a necessidade do outro, com a experiência imediata da necessidade de solução do problema, que ele se organiza com o outro.

O terapeuta não faz, ele se faz com o outro. Desce a corredeira no mesmo barco que o cliente e apenas discute com ele a melhor opção. A escolha da melhor passagem é do cliente. O terapeuta discute com ele o melhor caminho e o ajuda a visualizá-lo. Muitos morrem porque ninguém os advertiu (advertir é tentar dar ao outro um sentido de totalidade) de que canoagem, nadar numa corredeira, mergulhar debaixo de uma cachoeira pode ser fatal, mesmo para quem sabe nadar. Morrem por falta de percepção, porque não tiveram uma visão da totalidade e até porque ninguém os avisou do risco que corriam.

O terapeuta jamais permitirá que uma pessoa se fira, se machuque ou morra quando ela não pode, naquele momento, perceber a totalidade da situação e se deixou atrair por um detalhe sedutor.

As ações a seguir não têm de ser, necessariamente, experienciadas em conjunto na relação terapêutica. São trilhas que terapeuta-cliente-e-suas-necessidades escolhem como forma de encontro e como método, no aqui-e-agora de ambos. Apresentaremos, como método de ação e para a ação, um pressuposto teórico-humanista, e dele deduziremos algumas atitudes como proposta de ação, tentativa de respostas e, talvez, soluções às necessidades do cliente.

1. *A pessoa humana tem o poder interno de fazer opções preferenciais ao longo de sua vida.*

Se a neurose é a permanência "voluntária" no problema ou na "criação" involuntária da negação da opção na dor, na culpa, e na negação das próprias possibilidades de mudança, no sentido de que o cliente perdeu momentaneamente seu poder decisório, estará no papel do terapeuta:

- discutir clara e assertivamente com o cliente suas próprias possibilidades;
- facilitar ao cliente a experiência de sua própria identidade;
- distinguir caminhos uns dos outros; e
- facilitar ao cliente a experiência do prazer, do risco e do medo como opções de mudanças.

2. *A pessoa humana é fundamentalmente livre e responsável.*
A questão não é apenas ser livre, mas o exercício da liberdade, pois isso implica o abandono de laços do passado e a reflexão, corajosamente, no amanhã. A liberdade passa por um permanente confronto com os apelos do aqui-e-agora e navega sempre entre meus desejos e os limites que o outro me coloca. Nesse contexto, competirá ao terapeuta:

- criar condições para que o cliente tenha opção de escolha;
- discutir claramente o poder, o querer, o fazer o que gosta, o gostar do que faz e do que gosta, o fazer o que pode; e
- discutir a questão do assumir seus atos com responsabilidade como forma de libertação e liberação do próprio medo.

3. *É mais saudável e restaurador a pessoa experienciar o que ela tem de positivo, luminoso, belo, sabendo que jamais perde sua força renovadora.*
Na nossa cultura ocidental cristã, é comum a valorização da dor e do sofrimento como processo de libertação. Pode ser, mas nem sempre. Como é proibido autoelogiar-se, porque é falta de humildade, terminamos por desaprender a olhar para nossa própria beleza e procurar nela o conforto de que precisamos. Por isso, competirá ao terapeuta:

- colocar o cliente diante do próprio poder, de modo que se sinta mais capaz e menos crítico com relação a si mesmo;
- fazer que o cliente descubra em si tudo de bom que possui e pare de amar o próprio sofrimento como um mal menor do que a incerteza do futuro ou do risco;
- levar o cliente a parar de procurar o vilão de sua história passada e se veja como responsável pela sua vida; e
- fazer que o cliente ame o que tem, o que lhe está disponível.

4. *A pessoa humana é real, concreta e pode também pensar com realidade e concretitude.*

Nós não somos uma ilusão, um desejo vago, uma fantasia inacabada. Somos reais, carne e osso, com peso, tamanho, altura; brincamos, sorrimos, batemos o pé numa pedra, levamos um tombo, escorregamos, fazemos xixi e cocô. Parece simples, mas não é. *Isso nos leva a pensar na função do terapeuta como* a de ajudar o cliente a:

- discutir concretamente a realidade;
- experienciar o real e suas consequências;
- inventar caminhos, tornando-se mais adequado às coisas e às pessoas;
- ver e descrever o mundo e as pessoas com base em seus próprios referenciais; e
- perceber a perda de tempo, o desgaste de energia, quando faz de conta que está procurando soluções verdadeiras.

5. *A consciência é dinâmica e relacional; portanto, descobrir a própria verdade e, consequentemente, os próprios caminhos é natural ao ser humano.*

A verdade nos persegue, sobretudo as nossas. Em algum lugar, lá naquele cantinho mais secreto de nós mesmos, sabemos o que queremos, o que não queremos, o que conhecemos e o quanto somos complicados. Não é sem razão que nos tornamos os mais severos juízes de nós mesmos. Assim, competirá ao terapeuta:

GESTALT-TERAPIA DE CURTA DURAÇÃO

- lembrar ao cliente que o rio sempre chega ao mar;
- conscientizar o cliente de que a procura da própria verdade é o caminho mais curto para o sucesso;
- ajudar o cliente a perceber que o corpo sempre segue a lei da preferência e que mentir a si mesmo, física e mentalmente, é a mais danosa violência; e
- ajudar o cliente a acreditar que a natureza dá saltos, desde que ele não insista em ficar parado.

6. *A pessoa funciona como um projeto e, como tal, é o único ser que pode se ver no amanhã e decidir sobre isso com respeito a si mesmo.*

Estamos circunscritos ao aqui-e-agora, mas se nos olharmos como uma totalidade veremos que em cada um de nós existe a capacidade de transcendência, de sermos felizes hoje, contemplando o amanhã, de saborearmos agora o beijo, o abraço que nossa amada nos reserva amanhã.

Como companheiro de viagem, olhando o caminho a ser trilhado pelos dois, competirá ao terapeuta:

- ajudar o cliente a pensar grande e forte e a abandonar a pobreza das restrições que ele próprio se impõe;
- ajudar o cliente a experienciar seu verdadeiro limite de velocidade e a perceber que está andando a 60 quilômetros por hora, quando dentro dele existe a disponibilidade de andar a 80 quilômetros por hora;
- verificar as razões pelas quais o cliente insiste em manter o passado como se fosse um presente indiscutível; e
- ajudar o cliente a experienciar a sensação de liberdade que o acreditar em si mesmo pode propiciar.

7. *A pessoa humana é a medida de si mesma, sabe o que ela é, o que quer e aonde pretende ir.*

O único instinto real no ser humano é o de autopreservação. Viver significa preservar-se e vice-versa. Todos os demais instintos dependem deste. Negá-lo ou desconsiderá-lo seria admitir o caos por natureza, o que seria um princípio *per absurdum*. Neurotizar-se é esquecer esses níveis de autorregulação. As pessoas, às vezes, têm medo da própria existência. Nesse contexto, competirá ao terapeuta ajudar o cliente a:

- se olhar, se rever, sem subterfúgios, correr o risco da própria evidência;
- ver com clareza o que ganha e o que perde neste jogo de opções;
- descobrir seus conflitos falsos e encarar os verdadeiros; e
- se perceber como totalidade, em que todas as partes estão em permanente movimento de agir em conjunto.

8. *A pessoa humana não é determinada* a priori, *e é capaz de mudar o rumo de sua existência.*

Nascemos livres para nos responsabilizar pelas nossas vontades ao longo da vida. Somos gente e não máquinas. Risco e medo andam de mãos dadas para nos impedir de olhar para o depois e optar por ele, sem um antes que nos dê garantia.

O processo terapêutico levará o cliente a:

- se olhar com mais carinho e respeito;
- confiar na própria percepção;
- sentir que não é um solitário no planeta; e
- sentir que mudar, mais do que ficar fixado, resulta em uma vida diferente e, às vezes, de melhor qualidade.

9. *A pessoa humana é singular, única no universo.*

Este pensamento encerra uma energia imensa de mudança e significa que somos seres de infinitas possibilidades. Não estamos encurralados. Se pensarmos no fato de sermos únicos, não existir um só clone nosso, no fato de sermos presenteados com o dom da individualidade, uma sensação forte de esperança aquece nosso ser. Nessa dimensão, competirá ao terapeuta ajudar o cliente a:

GESTALT-TERAPIA DE CURTA DURAÇÃO

- descobrir os caminhos mais fáceis de trilhar;
- reabrir os olhos e ver o mundo como um convite e não apenas como um desafio;
- acreditar que essa singularidade é sua principal fonte de força, mudança e inspiração; e
- lidar com o fato de ser único, singular, sem medo da solidão.

Cliente e psicoterapeuta são convidados a conhecer essas posições, viver esses momentos, experienciar essas trajetórias, se misturar nesses campos, criar esse estado de espírito.

Psicoterapia breve, psicoterapia focal, psicoterapia emergencial. O nome não importa: estamos falando de humanismo na psicoterapia de curta duração, na qual o psicoterapeuta tem um papel decisivo, não porque tem poder, faz e desfaz, mas porque está inteiro na relação, está sensibilizado pela totalidade do cliente, está atento aos sinais que recebe, persegue caminhos que o cliente apresenta. Para estar nessa posição, ele não precisa de tempo cronológico, mas de tempo existencial.

Não é qualquer um que pode ser psicoterapeuta de psicoterapia de curta duração. É preciso saber lidar com o silêncio, com a perda, com o despojamento, com a paciência, com a morte.

Estar em psicoterapia é um estado de espírito e não um momento de uma hora semanal. É preciso transformar a vida do cliente em um estado psicoterapêutico em que tudo possa virtualmente ajudar na mudança e não apenas contar com o momento fugaz da sessão da psicoterapia.

Por exemplo, quatro meses de psicoterapia, com uma sessão semanal, são dezesseis sessões. Existencialmente, podem ocorrer mil transformações nesse período, pois a mudança não é função do tempo, mas de uma complexa composição de variáveis. Dezesseis horas de psicoterapia são momentos fugazes de um processo de vida e não apenas a duração do processo terapêutico. O que ocorre em uma hora de sessão se compara a um filme da vida de alguém que a tela exibe em noventa minutos. O tempo terapêutico é transcendental, pois nasce do encontro de uma emoção nova com a existência passada de alguém. Tempo é apenas uma relação, não um processo. O processo é a própria vida se fazendo, se construindo.

3
Existencialismo fenomenológico

Nossa teorização, no que diz respeito ao existencialismo fenomenológico, será breve porque não é nossa intenção desenvolver a questão da fenomenologia de forma extensiva. Vamos trabalhar esse contexto filosófico somente enquanto for necessário para maior compreensão do processo psicoterapêutico. É importante que pensemos nosso trabalho do ponto de vista teórico para que possamos ter elementos que fundamentem nossa proposta de ação.

Há sérias divergências entre aqueles que usam a fenomenologia como visão de mundo porque ela é, ao mesmo tempo, uma filosofia e uma prática, isto é, lida com a essência como pura abstração e com a intuição apreendida pelo indivíduo na sua relação com o mundo. Por isso, Husserl define a fenomenologia como: "ciência descritiva das essências da vivência". Muitos veem a fenomenologia só como uma filosofia, só como método ou, ainda, confundem filosofia e método. Fenomenologia é uma filosofia e um método. Do nosso ponto de vista psicoterapêutico, a utilizamos como filosofia e método.

> Para os gestaltistas, o método fenomenológico consiste em uma descrição sistemática da experiência imediata, visando à apreensão de sua estrutura essencial. Tal atitude implica uma suspensão de todo e qualquer pressuposto explicativo do fenômeno, não devendo, portanto,

GESTALT-TERAPIA DE CURTA DURAÇÃO

ser confundida com o método introspectivo que tem por finalidade analisar a experiência imediata em sensações ou elementos.[1]

Assim, toda explicação deve ser precedida de uma descrição fenomenológica que lhe servirá de fundamentação conceitual.[2]

Quando o psicólogo, utilizando o método fenomenológico, procura descrever a estrutura essencial do fenômeno psicológico a ser explicado, ele não está ainda fazendo teoria, mas estabelecendo as condições básicas para uma possível teoria. Portanto, a função da abordagem fenomenológica não é a de teorizar, mas a de permitir a elaboração de conceitos que expressem adequadamente o fenômeno que se pretende estudar.[3]

A fenomenologia, como filosofia, estuda o fenômeno em si, a essência, ponto final e irredutível de nossas percepções e do desvendamento do nosso objeto de procura e conhecimento. É um conhecimento *a priori*, uma ontologia que estuda o ser, universal ou individual, como um dado para nossa consciência.

Criando uma interface entre filosofia e método, estudaremos, como ponte entre teoria e prática, três das questões maiores da fenomenologia: a redução fenomenológica, a intencionalidade e a intersubjetividade como instrumentos metodológicos que nos ajudarão a operacionalizar nossa prática psicoterapêutica.

1. *A redução fenomenológica nos oferece a possibilidade de conhecer a realidade na sua singularidade, na sua essência. É uma ideia e um processo.*

A redução é o recurso da fenomenologia para chegar ao fenômeno como tal ou à sua essência; pode ser sintetizada em dois princípios: um, negativo, que rejeita tudo aquilo que não é apodíctico, verificável; outro, positivo, que apela para a intuição, originária do fenômeno na imediatez da vivência.

A redução não é uma abstração relativa ao mundo e ao sujeito, mas uma mudança de atitude – da natural para a fenomenológica – que nos permite visualizar como fenômenos ou como constituintes de uma totalidade, no seio da qual o mundo e o sujeito se revelam reciprocamente como significações. Mundo e sujeito se revelam como aqui-e-agora, como existentes, e como intuição originária, ou seja, essência numa tríplice dimensão com base na qual tudo vai se ressignificando. Isto é, o homem, como SER-universal, é um fenômeno que compete à fenomenologia filosófica. Tudo que pertence a este homem, no sentido do que lhe é próprio, pertence a todos os homens.

O homem, como SER-classe, codivide com todos os outros seres as propriedades que decorrem de sua essência, que se operacionaliza durante sua existência.

Esse homem, na qualidade de SER-indivíduo, que se oferece à minha percepção imediata, não é mais objeto da fenomenologia filosófica, mas, sim, da fenomenologia como método de observação e descrição da realidade.

Passando de uma visão intuitiva, de essência, àquela prática, de método, vemos que o SER, enquanto se individualiza, se concretiza, recebe e demonstra qualidades, se faz diferente dos outros e segue seu próprio processo de individuação. Vemos que o SER, como classe de objetos definidos pela sua semelhança, se torna uma totalidade relativa, pertence a um grupo, tem qualidades comuns dentro de certo limite, se confunde com elementos de sua mesma classe por intermédio de sua semelhança. Vemos que o SER, totalidade essencial, se unifica absolutamente, engloba todas as demais realidades, como essências individuais ou existência participante, e tudo se faz inteligível nele e disponível à consciência como o modo de perceber a realidade.

Esses diferentes modos de apreensão da realidade incidem no comportamento terapêutico como possibilidades de aproximação da realidade observada. No que diz respeito, entretanto, à teoria do conhecimento propriamente dita, só atingimos a plena evidência do fenômeno na concordância entre intuição e significação, pois os conceitos sem intuição são vazios. "A significação não é preenchida apenas na intuição sensível, mas na intuição eidética ou 'categorial', na qual a evidência da essência ou 'a coisa mesma' tem acabamento."[4]

A atitude psicoterapêutica decorre do processo da redução fenomenológica pelo "abandono" do sintoma como tentativa de manipulação e expressão da totalidade e pela virada do processo por meio do qual a intuição ocorre na imediatez da vivência. Isto é, ela parte do sintoma, da coisa em si, e se dirige para o processo, "o em si" da coisa. A psicoterapia ultrapassa a coisa em si, a realidade sintomática antes de uma pré-reflexão, entra na reflexão, na intuição e vai à essência do sintoma, ou seja, àquele ponto irredutível no qual tudo para porque se chegou à essência mesma da coisa. A essência recapitula o sentido da realidade total.

Na vida cotidiana, temos uma atitude natural diante de tudo que nos rodeia, acreditando que o mundo existe por si mesmo, independentemente de nossa presença. A atitude natural, não refletida, ignora a existência da consciência, como a "doadora" de sentido de tudo que a nós se apresenta no mundo. Por isso, é necessário refletir sobre nossa vida cotidiana, para que se revele a existência de nossa consciência. Desse modo, suspendemos ou colocamos fora de ação a nossa fé na existência do mundo em si e todos os preconceitos e teorias das ciências da natureza decorrentes dela. Deixamos fora de ação, também, a consciência considerada independente do mundo, e as teorias das ciências do homem, como a psicologia, elaboradas de acordo com esse preconceito.

O processo psicoterapêutico trabalha no sentido de levar a pessoa à busca das intuições originárias, do quem sou eu, do que é meu como indivíduo, do que é meu como classe, do que é meu como pertencendo à unidade maior, com base nas quais a pessoa poderá ressignificar sua vida.

O mundo nos é tão natural que vivemos nele, dentro dele, às vezes, sem nos aperceber de que somos diferentes dele. É uma atitude natural, por meio da qual vivemos sem nos dar conta da consciência que dá sentido às coisas. Por exemplo, dirigimos nosso carro, muitas vezes, sem a consciência de o estar dirigindo. Aí, de improviso, surge uma dificuldade e, em questão de segundos, assumimos conscientemente sua direção. O diferente provocou a consciência e a retirou do cotidiano, da ro-

tina. Na neurose, tentamos imitar a natureza, fazendo de conta que a realidade externa não existe. Na psicoterapia, é fundamental que a pessoa "tome conta do carro que dirige", se responsabilize pela sua cotidianidade, para que sua consciência se revele, responsavelmente, existente nas coisas.

O cliente vive, nesse processo, dois momentos: um negativo, por meio do qual poderá rejeitar aquele seu lado com o qual convive sem nenhum benefício e, até o contrário, fazendo-lhe mal; e um positivo, por intermédio do qual ele procura ter acesso ao que lhe é, de fato, novo, original, nutritivo.

A consciência, a grande mãe geradora de processo, se coloca diante da realidade em busca de uma totalidade significante. Ela contempla o dado, percebe a relação complexa parte-todo e intui a essência do objeto por meio de uma redução fenomenológica (*epoché*), isto é, pela suspensão de qualquer juiz.

Resumindo: *reduzir é libertar o sujeito da contemplação de seus limites, é ir além da aparência do aparente e abandonar uma atitude ingênua por uma crítica, visando a que a própria consciência revele os objetos existentes nela, por meio dos quais ela alcança a totalidade.*

> 2. *A intencionalidade é essencialmente o ato de atribuir um sentido; é ela que unifica a consciência e o objeto, o sujeito e o mundo. Com a intencionalidade há o reconhecimento de que o mundo não é pura exterioridade e o sujeito não é pura interioridade, mas é a saída de si para um mundo que tem significação.*[5]

Caracteriza o fenômeno psíquico *a presença intencional*, algo como relação a um conteúdo, direção a um objeto real ou não real, ou objetividade imanente.

Todo fenômeno psíquico contém em si mesmo qualquer coisa a título de objeto, mas cada um à sua maneira. Na representação, alguma coisa é representada; no juízo, alguma coisa é admitida ou rejeitada; e, no desejo, algo é procurado... Esta presença intencional pertence exclusivamente aos fenômenos psíquicos. Podemos, pois, definir os fenômenos psíquicos como fenômenos que contêm intencionalmente um objeto.[6]

Quando um objeto é apreendido pela consciência, passa a ser intencionado. A consciência dá significado às coisas e as coisas passam a ser um objeto para a consciência. A consciência, entretanto, não é um depósito de coisas à espera de significação. A significação é a realidade do objeto na sua relação com o mundo, intencionalizada por mim.

Exemplificando: ocorre na neurose uma espécie de suspensão da consciência imediata e da autoconsciência. É como se o objeto não chegasse à consciência e, portanto, não pudesse ser intencionalizado. É como se o neurótico esbarrasse em algo, talvez na vontade, e esse algo impedisse que a totalidade fosse apreendida. Talvez possamos dizer que o neurótico teme a totalidade, isto é, a busca do significado – para ele –, porque, uma vez atingida a totalidade, o processo de decisão caminha, passo a passo, com aquele da liberdade. O neurótico tem consciência de sua liberdade. A questão é ir ou não ir, estar ou não estar. Talvez a vontade seja o elemento inibidor desse encontro. A psicoterapia orientar-se-á, portanto, primeiro à vontade do sujeito que é a ponte entre a parte aceita e a totalidade negada ou desconhecida.

A reflexão fenomenológica é um modo de consciência necessário para lidar com a objetividade, independentemente do sujeito real do qual esses modos dependem. Ela lida com conexões existentes no sujeito, as quais são partes objetivas da realidade independente do sujeito, que se inclina a lhes dar significado a partir de seu mundo interior. O processo intencional não separa sujeito pensante de objeto pensado. O significado é uma unidade que contém tudo, não importa de onde venham os processos, isto é, de que nível de consciência. Com certeza, eles vêm do sujeito pensante.

"Se o conhecimento dos fatos é impossível sem a apreensão da essência, um conhecimento adquirido sobre fatos, para ser válido, deverá encerrar, pelo menos implicitamente, certas intuições de essências."[7] É aí que entra o sujeito.

Todo fenômeno, portanto, para ser compreendido deverá ser descrito para que se possa chegar à essência do objeto procurado. A realidade, real ou irreal, deverá ser descrita a fim de ser compreendida. Compreender significa captar a essência do objeto em si mesmo. Significa encontrar suas partes, apreender seus nexos e descobrir o elo que os une, dando-lhes unidade. Só então, após essa autocompreensão, a intencionalidade ocorre, porque compreender é encontrar os nexos causais, é encontrar para si mesmo o sentido objetivo das coisas.

Este é o caminho da técnica em qualquer forma de psicoterapia. A pessoa deve poder ou aprender a poder se descrever a si mesma. *Individuar-se significa individualizar-se. É preciso que se saiba o que se é para, só então, se sentir como pessoa no mundo.*

É como se existisse uma pré-fenomenologia, um lugar onde as coisas existem dentro de nós em essência. Não é a fenomenologia que explica as coisas; as coisas, quando apreendidas, se tornam um momento fenomenológico.

Tal fato nos ajuda, por exemplo, a redimensionar a questão do diagnóstico e do modo de conceber um processo psicoterapêutico.

Uma psicoterapia baseada no sintoma é uma psicoterapia baseada na parte, pois o significado ainda não foi achado. Torna-se a negação do que estamos chamando de consciência, pois a consciência emana da relação existente entre os diversos meios em que a pessoa vive. Ela é todo o campo percebido.

Na razão em que se compreende o sintoma, ele se torna fenomenologicamente visível, isto é, passa a ser intencionalizado. Um sintoma em si carece de sentido, pois lhe falta totalidade significante. Na razão em que é compreendido, ele se torna um sintoma real, relacional, pois compreender é retornar à parte significativa, apreendida dentro de uma totalidade. É a apreensão que provoca o encontro do não-ser com o ser, que passa, então, a ser visível, a ter um nome. O nome é sempre uma tentativa de síntese ou uma proposta de análise, mas, em ambas as hipóteses, é sempre a procura da unidade.

Consciência e meio ambiente formam uma totalidade inseparável. A consciência não é algo que alguém olha de fora; ela é relacional, implica pessoa e meio. É uma ilusão pensar que se pode en-

GESTALT-TERAPIA DE CURTA DURAÇÃO

tender, compreender alguém a partir apenas da própria realidade de quem a observa. É preciso se incluir no outro para saber ou ter consciência de que e do que ele está falando ou fazendo. É preciso incluir-se no seu campo comportamental para ter a experiência imediata do outro como fenômeno que se oferece à percepção e à observação do sujeito.

3. *Ampliando nossas possibilidades de trabalho, vamos falar da terceira questão vital da fenomenologia que é o conceito de subjetividade e intersubjetividade.*

Todo o sentido e todo o ser imagináveis fazem parte do domínio da subjetividade transcendental, como constituinte de todo o sentido e de todo o ser... O ser e a consciência pertencem essencialmente um ao outro.[8]

Sob outros aspectos, em sua vivência cotidiana, os seres humanos, embora tenham suas próprias peculiaridades, existem todos no mundo, constituindo-o e constituindo-se, simultaneamente. Possuímos, de certo modo, uma "comunalidade", pois todos nós vivemos no mundo e existimos uns com os outros, com capacidade de nos aproximarmos e de compreendermos as nossas vivências.[9]

Com base na intersubjetividade constituída em mim, constitui-se um mundo subjetivo comum a todos.[10]

Assim sendo, o mundo recebe o seu sentido, não apenas a partir das constituições de um sujeito solitário, mas do intercâmbio entre a pluralidade de constituições dos vários sujeitos existentes no mundo, realizado pelo encontro que se estabelece entre eles.[11]

O processo psicoterapêutico ocorre, integralmente, em atos de reflexão psicológica pela consciência da própria subjetividade e do encontro desta com a do outro.

A pessoa vive no mundo das três dimensões, tanto nas do tempo quanto nas do espaço, experiencia-as a todo instante, deixa-se influenciar por elas e responde às estimulações de fora a partir de seu mundo de dentro. *Responde sempre a uma totalidade, embora não seja consciente dela.* No encontro relacional ocorre a mesma realidade. Com quem ou com o que nos relacionamos? Com a figura ou com o fundo existencial e experiencial da pessoa? Com o universal presente em todo ser humano, ou com o conceito de individualidade? Com ela ou com o que eu penso dela, porque, se não temos acesso direto e garantido ao mundo da subjetividade do outro, a não ser por meio de sua fala e/ou de sua linguagem corporal, precisamos de acesso à comunalidade e ao mundo da objetividade do outro para poder de fato ter acesso a ele.

Assim, a *comunicação verdadeira só se tornará real na razão em que a intrassubjetividade se acoplar à intersubjetividade, por intermédio de um processo de totalidade confluente, em que a essência surja como reveladora do fenômeno. Se isso não ocorrer, não saberemos jamais se entendemos ou não uma pessoa.*

Daqui decorre que somente com uma postura realmente observadora nos será possível entrar no mundo da vida – do cotidiano, da multiplicidade dos gestos, dos dados presentes, frutos da subjetividade de cada pessoa – que nos fornece a unidade do objeto procurado. Aqui o sujeito se separa do objeto e o reconhece. O encontro ocorreu e, neste caso, sujeito e objeto se distinguiram.

> A função da descrição fenomenológica não é a de substituir uma explicação dos processos dinâmico-causais, mas proceder a uma descrição pré-teórica visando à superação dos preconceitos decorrentes de uma abordagem metafísica dos fenômenos psicológicos [...]. Portanto, a função da abordagem fenomenológica não é a de teorizar, mas a de permitir a elaboração de conceitos que expressem adequadamente o fenômeno que se pretende estudar.[12]

Redução fenomenológica, intencionalidade e subjetividade são, portanto, momentos de reflexão teórica da fenomenologia e, ao mesmo tempo, uma visada da consciência para a compreensão do objeto que se observa. Esses conceitos nos dão pistas de como proceder na imediatez da prática cotidiana e, no que nos interessa no momento, na prática psicoterápica.

GESTALT-TERAPIA DE CURTA DURAÇÃO

Estamos no mundo como que diante de um grande dado, de um grande fenômeno a ser desvendado. A cada pessoa interessa mais ou menos uma parte desse grande dado. Sua procura, inicialmente, parte de dentro de si mesma, embora muitas vezes a força da realidade externa iniba o dentro, reduzindo o sujeito a um mero espectador do mundo. Sujeito e objeto se confrontam no mundo e com o mundo. *A ênfase em mim ou no mundo é o início de toda diferenciação no processo de percepção da realidade.*

Meu campo fenomenológico abraça a totalidade das experiências que minha consciência percebe em dado momento, sejam internas ou externas.

Vamos selecionando, por prazer, medo, indecisão, o mundo dos nossos sonhos, de nossa realidade e vamos construindo nossa história à medida que vamos dando significado às coisas e nossas intenções vão se concretizando. *As coisas estão no mundo à nossa disposição. O ser que elas são em si são um ser para nós.*

A realidade, embora tenha seu ser próprio, sua natureza íntima, está disponível para ser ressignificada pelo encontro com a realidade do outro. A realidade é fluida. Nesse sentido, a consciência nunca está pronta, pois é de sua natureza se relacionar.

A consciência, quando submetida à temporalidade, está sempre, por natureza, arrastada para o mundo, o velho, o novo, o diferente, para a realidade como fenômeno totalizador.

O processo terapêutico consistirá em conectar nossa experiência interior ao mundo da objetividade, de tal modo que possamos, ativa e livremente, dar significado às coisas.

Na neurose ocorre o oposto do que estamos dizendo. O neurótico funciona com uma consciência reflexivo-estática, parada, pronta, como se tudo ali fosse imutável, como se a consciência contivesse as respostas de que ele necessita. A consciência é o lugar em que as coisas se processam, o lugar no qual as coisas se fazem inteligíveis. Ela não é uma realidade pura, porque está sempre em relação, como ela mesma é submetida à temporalidade.

Nossa preocupação ao pensar a psicoterapia de curta duração é a aplicação prática desses conceitos e princípios teóricos que estamos desenvolvendo. O método fenomenológico nos indicará "o quê" e "como" de nossa movimentação na direção de uma nova percepção, de uma nova aprendizagem e de possíveis soluções de problemas por meio de uma mudança consistente.

Para que a mudança ocorra, é preciso que a pessoa queira mudar, saiba o que deseja mudar e de onde para onde deseja se locomover.

Mudar é função de um processo decisório que segue uma lógica, um encaminhamento, no qual tudo depende de tudo e tudo afeta. A lógica da mudança está implícita na causalidade efetiva, isto é, na vontade de mudar, do saber onde se está e aonde se quer ir, embora essa consciência relacional nem sempre seja percebida claramente e a ação final possa até ser atribuída a um mero acidente.

No processo psicoterapêutico longo ou de curta duração, como em qualquer ação que se finalize, não importando a qualidade do resultado, o caminho da lógica passa por uma interdependência que tem os seguintes passos: a) partes; b) totalidade; c) consciência; d) intencionalidade; e e) ação.

Nessa ordem, um gera o outro e a realidade se faz presente como cognição, emoção e ação. É nessa ordem que a dinâmica do processo de mudança ocorre. A mudança supõe um jogo de ações entre as partes envolvidas no processo de escolha. Viver é escolher cotidianamente. Nesse jogo, algumas partes são excluídas e outras se juntam, formando uma totalidade. A totalidade é o material sobre o qual a consciência processa a realidade, e aí as coisas fazem nexo, tornam-se inteligíveis, desejadas ou não e adquirem significação. A intencionalidade, ou seja, o dar sentido e significado às coisas, é uma consequência natural desse encontro entre consciência e realidade, em que o significado das coisas se faz presente. Esse processo caminha naturalmente para a ação, na qual o perceber, o pensar e o agir se juntam na consecução do desejo ou de sua negação. Uma vez ocorrido esse processo de intencionalidade relacional e causal, não importa se a ação que se espera se fará ou não. A realidade pessoal é antes de tudo subjetiva.

A psicoterapia de curta duração, de inspiração gestáltica, se assenta sobre esses postulados para responder prática e tecnicamente aos postulados teóricos fenomenológicos dos quais decorre, sob pena de um desencontro entre ideologia e prática, levando à destruição do sistema.

Caminhando nessa direção metodológica, temos de pensar procedimentos terapêuticos que, pela sua constância, continuidade, clareza e coerência, possam influenciar pedagogicamente as atitudes do cliente.

Esses procedimentos passarão por três momentos básicos:

1. Um primeiro, de fundo, constituído originalmente pelas atitudes do terapeuta, não diretamente conscientes, que estão acontecendo aqui-e-agora e influenciam a cultura do momento terapêutico. É o seu jeito de falar, de expor, de expressar-se, de argumentar, seu modo corporal de estar nas coisas.

2. A segunda atitude é aquela de agir diretamente com o cliente na sua percepção, aprendizagem e solução do problema, embora o terapeuta não decida nem imponha nada. Ele simplesmente está imerso com o cliente na procura da melhor solução.

Na psicoterapia de curta duração ocorre uma superposição de figura ou uma intersecção de figuras entre cliente e terapeuta, que arregaçam as mangas e vão à procura da solução correta. Outros caminhos estão imersos na experiência imediata do sujeito na procura da solução.

3. O terceiro momento é constituído pela sua preocupação fenomenológica de estar atento ao que significam redução fenomenológica, intencionalidade e subjetividade no processo de proposta de mudança que o cliente quer levar a bom termo. Isto é, como esses conceitos podem ser vivenciados na prática por ele.

Podemos exemplificar esses processos em atitudes gerais como:

- sintetizar de maneira clara a fala do cliente, para que ele possa rever e se reconhecer em sua fala pela percepção do outro;

- falar mais do processo que mantém o sintoma do que do sintoma, ilustrando com fatos que possam ampliar a consciência do cliente;
- fazer distinções claras entre fenômenos mentais e físicos para que o cliente não continue caminhando fora da estrada;
- ajudar o cliente a decidir cognitiva, emocional e motoramente pelo que é melhor para ele;
- ajudar o cliente a estabelecer conexões que facilitem seu processo de escolha, ampliando seu campo de ação;
- ajudar o cliente a explorar o que deseja, a fazer uma distinção entre suas necessidades e a vontade de realizá-las;
- ajudar o cliente a descobrir o verdadeiro sentido das coisas e aquele que ele atribui; e
- ajudar o cliente a se ver como pessoa individualizada no mundo e separado dele.

Acredito que Forghieri (1993), quando fala de quatro características básicas do existir humano, como dimensões fenomenológicas de um processo de totalidade vivido pela pessoa, embora esta possa não percebê-las, nos dá elementos consistentes para desenvolvermos uma metodologia de ação que vem ao encontro de nossas necessidades de sistematizar um comportamento terapêutico.

Operacionalizamos esses conceitos com algumas atitudes como propostas e sugestões para o melhor andamento do processo psicoterapêutico.

1. "Ser-no-mundo"

Estamos imersos no mundo. Somos no mundo, do mundo e para o mundo. Encontramo-nos com pessoas e coisas. Pensamos, duvidamos, sofremos, jogamos, amamos, sentimos. Vencemos. Somos derrotados. Precisamos do mundo para nos localizar. Não somos uma abstração. Temos filhos, casa. Estamos circundados de pessoas e coisas. Recebemos o calor do sol, admiramos a beleza do luar. Nadamos em rios, jogamos futebol. Enfim, somos um corpo. Somos relação. Nosso corpo está envolvido por uma totalidade fenomenológica e transformadora. Condicionamos o mundo e somos condicionados por ele.

A relação terapêutica caminhará dentro dessa reflexão e ambos, terapeuta e cliente, participarão das seguintes reflexões, entre outras:

- precisar que somos pessoas no mundo e, se esquecermos essa dimensão, cometeremos o risco de ser tragados por ele;
- trabalhar para que o cliente se sinta real, concreto, com os pés no chão;
- mostrar que somos um corpo com exigências; e
- ajudar o cliente a se descondicionar dos envolvimentos dos quais se sinta prisioneiro.

2. "Temporalizar"

O fundamento básico da existência humana é a temporalidade. Eu existo no tempo, e essa temporalidade constitui o sentido originário do existir.

Existir e estar no tempo se equivalem. Significa poder sair de si mesmo, transcender-se e projetar-se fora do aqui-e-agora. Ver-se no passado ou no amanhã, embora sem jamais completar-se.

No caminho da dúvida, a morte é a única exceção. É ela que, ao ser incluída, necessária e indubitavelmente no nosso tempo, de algum modo, nos ajuda a encontrar o sentido da vida.

Estar no tempo é encontrar-se com a mudança das pessoas, das coisas, da natureza. Tudo está em contínua mudança. Só a certeza da morte não muda. Nada pode mudar nossa condição de seres temporais, finitos. Vivemos em um enorme, perene e extenso presente. Aí dentro, organizamos e experienciamos o passado e o futuro. Damos-lhe velocidade, extensão, duração. O prazer e o tédio controlam a sensação da duração do tempo. A realidade deve nos ajudar a perceber o fluir desse temporalizar para que a existência se torne real, concreta.

Assim, terapeuta e cliente partilharão esse repensar. O terapeuta ajudará o cliente a:

- sentir-se temporal, localizado, entrando em contato com suas incertezas;
- entrar em contato com o tempo e aprender a se organizar nele;
- confiar na própria capacidade de mudança e acreditar na força do desejo;
- sentir que a felicidade é para hoje, não obstante a necessidade de respeitar sua relação interior com o mundo; e
- perceber que prazer e tédio controlam a sensação da duração do tempo e é preciso objetivar-se no tempo.

3. "Espacializar"

Espacializar é o terceiro momento da existência e significa que ocupamos um espaço nesse planejamento e temos dimensões de peso, altura, largura, volume. Somos reais. Não somos uma abstração. Habitamos uma casa, andamos nas ruas, trombamos com pessoas e coisas à nossa frente. O espaço não é apenas aqui-e-agora. Posso sentir-me em espaços diferentes. Posso sentir-me onde já estive e posso me imaginar e sentir-me onde poderei vir a estar. Esse conceito de expansividade do espaço pode nos ajudar a sentir a existência com mais ou menos plenitude e intensidade.

Podemos estar sozinhos e nos sentir acompanhados e o inverso. Posso estar longe de alguém e me sentir perto e o inverso. A relação espacial entre longe e perto oscila de acordo com o prazer, com o conforto, com a raiva ou o desprazer.

Tempo e espaço, portanto, não são apenas uma questão geométrica, matemática ou física, são dimensões existenciais que afetam a pessoa humana, a todo instante, nos níveis mais variados.

Com base nessas reflexões, o terapeuta poderá ajudar o cliente a:

- olhar para si mesmo e enxergar-se na sua exata dimensão;
- entrar em contato com a alma das coisas, sem idealizações, baseado apenas na subjetividade de sua percepção;
- ver o espaço, o caminho mental e físico, como algo a ser conquistado sem ilusão ou fantasia; e
- experienciar sua vida como uma coisa singular, única e não divisível. Uma vida que é toda dele e para ele.

4. "Escolher"

Existir é estar aberto às possibilidades que a vida apresenta. É poder perceber e compreender a realidade por duas vertentes, o dentro e o fora. Só na razão em que os seres se diferenciam eles se oferecem espontaneamente à possibilidade de ser escolhidos.

A liberdade é função da capacidade de perceber e compreender o que as pessoas possuem. Quanto mais a pessoa se abre à contemplação do mundo fora dela, tanto mais ela experienciará a força de ser livre e se encontrará com sua verdade e com a verdade do mundo.

Escolher é colocar-se entre a intra e a intersubjetividade e isso nos coloca diante dos nossos limites. Vivemos como se o tempo e o espaço não existissem. Às vezes, nos esquecemos deles. Quanto mais temos de nos confrontar com o tempo e o espaço, tanto mais eles passam a existir. Quanto mais possibilidades de opção se tem, tanto mais se sente a força da liberdade e de nossos sonhos.

> Há pessoas que levam grande parte de sua vida adiando o momento de efetuar uma escolha importante e de agir no sentido de concretizá-la, para manterem a ilusão da plenitude de sua liberdade, ou por se sentirem incapazes de se decidir pela renúncia de algo que consideram imprescindível, ou, ainda, pelo receio de verificar que seus projetos não passavam de sonhos.[13]

Podem até renunciar à sua liberdade de escolha para evitar assumir uma responsabilidade dolorosa. Pessoas com histórias de fracasso podem ter dificuldades para decidir por medo de perder ainda mais a crença nas suas possibilidades, a confiança na própria capacidade e, neste caso, elas sentem dificuldade para encontrar sentido em uma experiência frustradora. Dentro dessas reflexões, competirá ao terapeuta ajudar o cliente a:

- ver a existência de muitos caminhos e escolher um deles;
- abandonar a certeza doentia de que não dá conta de mudar;
- compreender que os ganhos do arriscar-se podem compensar os dividendos de uma postura fixada no medo, na dor, na incerteza; e

- sair da pressão e da opressão do cotidiano para o risco da mudança e da probabilidade de ser efetivamente feliz.

A psicoterapia de curta duração está pautada, entre outros, nesses quatro elementos do existir. Todo trabalho, toda metodologia devem levar em conta esses elementos, os quais se colocam como vigas mestras de um processo, a partir do qual tudo será realizado. Na ação psicoterapêutica, o gesto, o agir, a linguagem, a fala deveriam se harmonizar formando uma totalidade fenomenológica com base na qual tudo deverá ou poderá ser entendido. O cliente é colocado dentro dessa dimensão existencial, experimental, experiencial.

De acordo com esses enunciados podemos dizer que a psicoterapia de curta duração tem a proposta de ser um processo provocativo de escolha das possibilidades intrínsecas e extrínsecas que existem em cada um de nós e, por serem tantas, nos amedrontam e nos paralisam. Ela supõe um trabalho conjunto, integrado, centrado nas necessidades de mudanças do cliente. Ele é o condutor de seus processos. O psicoterapeuta é um facilitador. Quanto mais esse encontro ocorrer, tanto mais o contato será transformador e o tempo apenas uma questão de nome.

Todo método deve ser previsível. O cliente pode, a seu modo, apreendê-lo, aprendê-lo e repeti-lo no seu cotidiano. Por isso, é inconcebível um método não estar a serviço da teoria, que nos ajuda a colocar o ser humano dentro de uma compreensibilidade, permitindo-nos vê-lo na sua relação com o mundo.

A ação psicoterapêutica, qualquer que seja, sobretudo a de curta duração, tem de se pautar pela clareza e pela assertividade. Não é uma terapia de silêncio, silenciosa ou de espera. É uma terapia do despertar ativo da consciência do poder pessoal no aqui-e-agora e na ação respeitosa dos limites do outro. O aqui fenomenológico passa por um encontro entre a entrega e a disponibilidade do terapeuta e a necessidade do cliente. A junção desses elementos determina o nível, o grau de envolvimento da relação terapêutica. Compete ao cliente funcionar, fazer-se visível ao terapeuta, de modo que ele se sinta acolhido nas suas necessidades; compete ao terapeuta fazer-se visível ao cliente e responder fenomenologicamente às demandas claras ou não do cliente.

Pergunto-me, com frequência, o que é agir fenomenologicamente no contexto psicoterapêutico, baseando-me no princípio de que a Gestalt-terapia é uma terapia relacional. Vem-me uma resposta simples: agir fenomenologicamente é dançar a música com o cliente no ritmo que ele toca, não bloqueando sua própria experiência interna. Isso é tudo. Isso é viver a consciência da experiência imediata de ambos, num encontro destituído de poder de mando ou decisão, mas imbuído de comprometimento e cumplicidade.

Pergunto-me, ainda, será agir fenomenologicamente perceber, sentir a necessidade, a angústia o jeito contido do cliente e ficar calado, imóvel ou fazendo intervenções pacatas para ser fiel a um método ou a uma suposta postura terapêutica? Nesse contexto, onde fica a questão da recuperação da experiência imediata? Ou será que o cliente vive uma experiência imediata e o terapeuta outra? Ou o terapeuta apenas assiste impassível à confusão e à impotência do outro e não se entrega a um encontro total que a situação está pedindo?

Acredito que responder seriamente a essas questões está no coração do que chamo "Psicoterapia de Curta Duração no Enfoque Fenomenológico" ou "Psicoterapia Gestáltica de Curta Duração".

Em seguida, de acordo com a metodologia proposta para este trabalho, como sugestão, farei pontes entre alguns princípios básicos do existencialismo fenomenológico e o que poderia ser o cotidiano da GTCD:

1. *Ver a realidade, observá-la atentamente, descrevê-la fielmente e interpretá-la operacionalmente.*
   Este processo de encontro com a evidência passa por uma sensibilização na qual os sentidos ocupam lugar privilegiado. O processo da neurose para a psicose passa pela negação desses níveis de contato e de aproximação com a realidade e se dá por meio de uma retroflexão permanente, na qual o sujeito termina por esquecer de si mesmo e se ver como um desconhecido. Chegamos a ter medo de

nos sentir como seres que podem decidir, que podem escolher. Será, portanto, função da terapia:

- ajudar a pessoa a se enxergar como uma totalidade, em que as partes respondem subsidiariamente umas pelas outras;
- facilitar a compreensão e a vivência de pequeninas vitórias como prenúncio de maiores;
- discutir, paciente e sucintamente, possibilidades de caminhos e novas escolhas; e
- integrar o pensar, o sentir, o agir e o falar dentro do contexto em que a pessoa tenta negar suas próprias possibilidades.

2. *Experienciar o aqui-e-agora como uma totalidade que sinaliza a integração eu-mundo.*

Somos constantes passageiros do ontem e do amanhã. Vivemos lá e lá. É como se o presente fosse tão tênue que não chegasse a existir. Quando se vai procurá-lo, virou ontem, vira amanhã na nossa memória e na nossa fantasia. Ou simplesmente olhamos o presente como um trem em alta velocidade que deixa apenas seu eco nos trilhos do nosso ser. Não podemos agarrá-lo. Nessa dimensão, será função do terapeuta:

- facilitar uma maior compreensão da energia que o aqui-e- -agora contém;
- ajudar o cliente a perceber que só no aqui-e-agora ele tem respostas visíveis às suas necessidades imediatas, pois a energia está na emoção ou emoção é energia e ambas só acontecem agora;
- ajudar o cliente a se livrar do passado como um bode expiatório, e do futuro como fantasia idealizada ou catastrófica, buscando no presente o chão de que precisa para caminhar com segurança; e
- ajudar o cliente a perceber a leveza do presente, como libertação das exigências compulsivas do passado e do futuro, facilitando uma resposta interior integrada entre sua percepção intrapsíquica e aquilo que o ambiente lhe proporciona.

3. *Estar atento ao cliente como uma unidade, como uma totalidade singular.*

Todas as peças desmontadas de um relógio, embora juntas, não fazem um relógio. O que, de fato, faz o relógio é a relação de intra e interdependência que as partes formam entre si. Isso significa que o todo é diferente da mera soma quantitativa de suas partes. Funcionar significa encontro de partes, cada uma fazendo o que lhe compete, para que todas as outras se beneficiem dessa relação. Somos uma totalidade feita de partes, em que tudo influencia tudo. Nessa perspectiva, competirá ao terapeuta ajudar o cliente a:

- perceber as partes de si mesmo que ele deixou para trás, as que usa mal, as que não usa e as que usa bem. Não é o sintoma que está em terapia e sim a pessoa como um todo;
- descobrir as partes de si mesmo em bom funcionamento, ainda que pareçam insignificantes, e vê-las como fatores de transformação. Viver é celebrar-se;
- descobrir fora dele pessoas e coisas que lhe sejam nutritivas e nutridoras, permitindo que suas energias mais preservadas facilitem seu contato com o mundo interior; e
- compreender que a dor do sintoma é mais dispendiosa do que o medo de arriscar-se e que pequeninas mudanças transformam a totalidade de seu processo existencial.

4. *Cada um de nós é um dado, é um fenômeno a ser autocompreendido; somos um "órgão-nismo".*

Dizemos, por exemplo: taoísmo, budismo, organismo. O sufixo é o mesmo:

Tao-ismo, buda-ismo, órgão-ismo.

Isso significa vivência prática, experienciada dessas realidades. Significa inclusão relacional no processo do Tao, do Buda, do órgão. Terapia é um processo de revitalização do organismo em si mesmo, e na sua relação com o mundo, como possíveis modos de experiência; seu instrumento é a experiência imediata: consciência sentida com a experiência do aqui-e-agora. Sem um contato totalizante vivido pela experiência imediata do sujeito consigo mesmo e com o mundo, a mudança dificilmente ocorrerá. Competirá assim ao terapeuta:

- facilitar a integração dos diversos sistemas do sujeito (pensar, sentir, agir: movimento e fala), para que a interdependência e a complementaridade desses sistemas facilitem uma integração, levando à *awareness* e à consciência emocional;
- ajudar o cliente a ter uma consciência organísmica em sua realidade (eu-mundo), prestando atenção ao seu funcionamento, sobretudo no funcionamento de seus sentidos;
- ajudar o cliente a sentir seu corpo como o lugar onde ele mora com exclusividade, sem ter de pagar aluguel a um ambiente fora dele ou pedir licença para existir; e
- ajudar o cliente a sentir seu corpo como familiar, como seu instrumento de trabalho e não como algo estranho que ele mal consegue carregar.

O processo psicoterapêutico de curta duração, mais do que qualquer outro, está centrado na re-experiência da emoção. A emoção é, de fato, a única coisa nossa que possuímos de original, porque emana, como água que brota da terra, do solo mais íntimo de nosso ser. A neurose vai tornando esse solo árido e improdutivo. Nele, as plantas perdem o viço e a beleza. Para reflorir é preciso a chuva pura da emoção, que cai das nuvens carregadas do céu descontaminado de nossa existência.

Fazer psicoterapia é facilitar ao cliente, por todos os modos disponíveis a ele, encontrar seu centro, sua existência mais descontaminada e mais pura, por meio de uma ressignificação permanente de seus modos adequados de existir, de tal modo que ele se reencontre com seu verdadeiro sentido, com sua realidade mais íntima, no prazer de olhar para si mesmo e se reconhecer como pessoa.

4
Teoria do Campo

Considerações gerais

A Teoria do Campo de Kurt Lewin (1890-1947), considerado uma das mais brilhantes personalidades da psicologia moderna, faz parte do tripé teórico que constitui a base da abordagem gestáltica.

A questão da relação pessoa-campo (ambiente) constitui o pressuposto básico metodológico da Teoria do Campo. Dessa relação se desenvolvem todos os conceitos que a operacionalizam. É a partir da noção de campo (pessoa/meio) que se pensa a questão energética como força transformadora, por meio da emoção, das relações pessoa-mundo.

A questão fenomenológica, como método de trabalho, nasce aí também. É a relação pessoa-mundo vista de maneira integrada e integradora, como momentos de apreensão da realidade, que nos conduz a um processo de intencionalidade, ou seja, de busca de significados cada vez mais transformadores da realidade.

O movimento gestaltista, encabeçado por Max Wertheimer, Wolfgang Köhler e Kurt Koffka, foi o primeiro a adotar o conceito de campo e a afirmar que "a maneira pela qual um objeto é percebido é determinada pelo contexto ou configuração total em que o objeto está envolvido. A percepção é determinada pelas relações entre os componentes de um campo perceptivo e não pelas características físicas dos componentes individuais".[1]

Quando olho um objeto ou uma pessoa, vejo, imediatamente, o objeto ou a pessoa em questão e me relaciono diretamente com eles, mas os resultados dessa relação pessoal com o objeto não serão apenas as características dele, mas as relações que esse objeto ou essa pessoa, por meio de suas características intrínsecas, estabelecem com o meio ambiente. Ou seja, a realidade é sempre relacional e é assim que precisa ser compreendida.

A representação da realidade como um campo energético passa, assim, da física, isto é, da simples observação de elementos estruturais individualizados, à psicologia, à realidade contextualizada, eu-mundo, como um método de representar a realidade.

Para Lewin, a Teoria do Campo não é um sistema de psicologia, assim como a psicanálise, aplicável a um contexto específico, mas um conjunto de conceitos por meio do qual a realidade psicológica pode ser representada e, uma vez representada, pode ser lida e trabalhada.

Lewin estabelece *a priori* alguns princípios com os quais a realidade pode ser compreendida, seja no seu funcionamento interno, na sua estrutura dinâmica, seja na sua relação com o ambiente:

1. O comportamento é função do campo existente no momento em que ele ocorre.
2. A análise começa com a situação como um todo e da qual são diferenciadas as partes que a compõem.
3. A pessoa concreta pode ser representada matematicamente em uma situação concreta.

O campo é então definido como a totalidade dos fatos coexistentes, em dado momento, e concebido em termos de mútua interdependência, cuja significação depende da percepção dessa correlação entre sujeito e objeto.

O comportamento é determinado por forças subjacentes no campo, que deve ser compreendido com base em descrições psicológicas e não somente pelas forças físicas ou fisiológicas. Estamos, portanto, falando de um modelo psicológico de ver e analisar a realidade.

Percebe-se, imediatamente, a tendência de a Teoria do Campo formar um conjunto de informações e postulados que, em sua totalidade, aponta para um novo modelo, um novo paradigma de entender a pessoa humana de maneira inteira e integradora, afastando-se definitivamente do behaviorismo e da psicanálise.

Na concepção lewiniana, a pessoa humana não é vítima de si mesma, não é determinada a priori pelos seus instintos (psicanálise) *ou por condicionamentos inevitáveis* (behaviorismo), *mas é responsável pelo seu destino, pela sua liberdade e passa a correr o risco de existir por conta própria* (fenomenologia existencial). *O comportamento é então algo acessível, observável, percebido tal qual é, explicável, sem metáforas, de acordo com o sujeito e com a realidade na qual ocorre, em dado momento.*

A seguir, passaremos a apresentar e a discutir alguns dos principais conceitos da Teoria do Campo, procurando retirar deles o processo que pode nos ajudar a repensar uma metodologia psicoterapêutica de curta duração, dentro de uma postura fenomenológica.

(Obs.: Lembro, mais uma vez, que na Teoria do Campo não existe uma lógica causal ou de decorrência de um conceito para o outro. Os conceitos emanam de uma dupla fonte: pessoa e mundo, na sua relação um com o outro. Não é, entretanto, um amontoado de conceitos, pois cada conceito tem uma lógica interna que cria a cientificidade da teoria, tornando-a aplicável aos mais diversos ramos do conhecimento como partes de uma totalidade.)

Conceito de Ecologia Psicológica

Ecologia Psicológica é o estudo das relações entre as variáveis psicológicas internas, ou seja, aquelas ligadas aos sentimentos e às emoções, e aquelas não psicológicas, externas à pessoa, em dado campo, em dado momento. É o estudo das relações que estabelecemos com o meio ambiente. Acredito que podemos falar de ecologia interna e de ecologia externa.

Lewin afirma que a primeira análise de um campo deve ser a da ecologia social pela análise da geografia, dos valores locais, da linguagem, de tudo aquilo que interfere na relação grupo-indivíduo. O processo de perceber, agir e executar depende da interdependência do mundo físico, psíquico, social e espiritual que afeta os limites físicos ou existenciais do Espaço Vital, isto é, a totalidade experimental, experiencial e existencial na qual a pessoa vive. Essa inter-relação ocorre no plano individual e grupal, e o grupo pode influir e até determinar decididamente o comportamento dos indivíduos, ou o inverso. As fronteiras ou os limites do Espaço Vital do indivíduo e do grupo se comunicam e, às vezes, é difícil perceber com clareza quando o comportamento é individual ou grupal em determinado momento.

· Lewin usou o conceito de campo em íntima relação com o conceito de tensão, passando daí ao conceito de "sistema de tensão" para representar as necessidades psicológicas. Afirma que um campo de forças correlaciona, a cada região do campo, a intensidade e a direção da força que irá atuar sobre o indivíduo se ele estiver nessa região.

O campo de forças, portanto, é condicionado à presença do indivíduo, em dado momento. Ele não existe sem o indivíduo, mas é a relação entre pessoa e meio que cria o campo de força.

O campo de força deve ser entendido com base nas seguintes hipóteses:

1. As forças para as locomoções (*locomoção é qualquer movimento físico ou mental de um lugar ou estado para outro realizado por uma pessoa*) não podem ser deduzidas, logicamente, apenas da tensão da pessoa.
2. Há uma relação entre certas tensões das regiões intrapessoais e certas valências do meio (*valência é o mesmo que valor, isto é, quanto vale isto ou aquilo com relação a uma pessoa ou coisa em dado ambiente*). Tanto a existência quanto a intensidade da valência não decorrem somente da tensão da pessoa, mas também de certos fatores não psicológicos.

GESTALT-TERAPIA DE CURTA DURAÇÃO

3. Da mesma forma, tensão e força para a locomoção são correlacionadas à locomoção. A existência de uma valência é equivalente à existência de um campo de forças.[2]

O comportamento tem, portanto, uma complexidade maior do que sua simples visão formal ou material, existindo forças que interferem na locomoção da pessoa e escapam à nossa observação. Isso é válido, sobretudo, no que diz respeito às relações entre sintomas físicos ou mentais, porque quando atuamos apenas sobre o sintoma, sobre a parte, a totalidade termina sendo vítima daquela.

A pessoa, por exemplo, não muda só porque está tensa, pois a lógica da tensão não é a mesma da lógica da mudança. Tensão e mudança parecem seguir caminhos diferentes. Enquanto a tensão é um vetor de fora para dentro, a mudança é um vetor de dentro para fora; para que a mudança ocorra, essas forças devem se encontrar em algum lugar, pois sem síntese a mudança não ocorrerá.

Isso implica que, se olharmos a neurose como um desequilíbrio de forças entre pessoa e meio, a tensão existente será uma síntese desses dois campos. Para alterar esse quadro, tem-se de alterar a relação de força geradora da tensão, de tal modo que a pessoa possa, com a ajuda efetiva do terapeuta, tornar-se consciente de que a homeostase é possível.

Eis algumas possibilidades para o cliente:

- sair de dentro do seu casulo, deixando de olhar o mundo pela fresta, colocando a cabeça para fora, correndo o risco de ver a realidade assim como ela é;
- entender que ele, circunscrito a si mesmo, não explica o processo que vive, mas precisa olhar as forças externas que produzem a tensão;
- perceber sua força e a do ambiente como a valência que o mantém fixado no problema e que esta relação deverá ser rompida; e
- compreender que o comportamento não explica, e que é necessário buscar fora explicações para o dentro, entendendo e experienciando como os fatos estão acontecendo hoje na sua vida.

Conceito de Espaço Vital

O comportamento humano depende de duas variáveis, mutuamente interdependentes: a pessoa e o meio em que ela vive. Nada fica excluído. Tudo fica incluído e tudo se relaciona com tudo neste universo existencial, experiencial e experimental. O comportamento, portanto, não pode ser induzido do próprio comportamento, mas são necessárias variáveis intervenientes entre o comportamento a ser explicado e os fatos observáveis de sua causa.

Por isso, um fato quase nunca será visto de forma idêntica por duas pessoas diferentes, pois toda situação psicológica deve ser entendida como uma situação em dado momento, incluindo o que está ocorrendo agora, os fatos que constituem a situação geral de vida da pessoa e sua relação com o mundo. São as variáveis psicológicas e as não psicológicas que determinarão o tipo de relação que alguém viverá em determinado campo. Isso é seu Espaço Vital.

***Espaço Vital** é a totalidade dos fatos ou eventos possíveis, coexistentes e mutuamente interdependentes, os quais determinam o comportamento de um indivíduo em dado momento, sendo eles partes constituintes da realidade e não apenas partes ou um conjunto aditivo, podendo ser expressos matematicamente.*

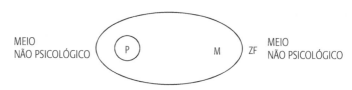

Espaço Vital (EV) = pessoa (P) e meio (M)
ZF (zona de fronteira), zona de incidência das variáveis não psicológicas.[3]

As *variáveis psicológicas*, percepções, motivações, ideias e necessidades constituem o Espaço Vital e se referem tanto à pessoa quanto ao meio fenomenal. As *variáveis não psicológicas* afetam a zona de fronteira, que pode ser nosso corpo, nossa mente. (Nós somos divididos em zonas, como emoções, sentimentos, pensamentos, nosso próprio corpo. Esses componentes são chamados de zonas ou regiões que, por sua vez, têm seus limites, suas fronteiras que os separam uns dos outros.)

A relação de interdependência constitui o objeto de estudo da Ecologia Psicológica, isto é, das relações entre variáveis psicológicas e não psicológicas. O comportamento do indivíduo será o produto da inter-relação dinâmica de todos esses fatores em determinado momento.

O Espaço Vital (EV) não é necessariamente parte do meio físico. Cada parte do Espaço Vital constitui um universo distinto, porém interligado, podendo modificar-se mutuamente; além disso, possui dimensões: "A dimensão é uma propriedade da estrutura interna do espaço que está intimamente relacionada com características topológicas. A determinação do número de dimensões repousa essencialmente numa relação geral entre um objeto espacial e suas fronteiras".[4]

O significado psicológico do meio não reside nos aspectos geográficos que ele possui, mas depende da relação que este mantém com determinada pessoa em determinado momento. O significado é sempre algo achado, algo que se descobre; não é imposto.

A psicologia considera o EV um campo. O conceito de campo, como determinante do comportamento, supõe que tudo aquilo que afeta o comportamento, em determinado tempo, deveria ser representado no campo existente naquele momento, sendo partes de um campo somente aqueles fatos que podem influir no comportamento.

O campo não deve ser compreendido como uma realidade física, mas fenomênica. Ele não compreende apenas fatos físicos, mas tudo que o constitui, como: amizade, medo, objetivos conscientes ou inconscientes. O campo é a totalidade da vida, da experiência que a pessoa vive, e é produtor de emoções.

A questão do Espaço Vital, concebido como um campo, é fundamental para não deixar equívocos quanto à relação da pessoa com o mundo exterior, que Lewin chamava de "invólucro externo". Quando consideramos o diagrama supra, vemos que P (pessoa) se encontra isolada de M (meio); o mundo físico não pode comunicar-se diretamente com a pessoa, nem esta com o mundo físico.

Os fatos devem entrar primeiro no meio psicológico, e só então afetarão a pessoa por intermédio da propriedade de permeabilidade que franqueia a passagem entre Espaço Vital e mundo exterior.

O Espaço Vital e o invólucro externo são partes de uma totalidade maior, a ser estudada pela Ecologia Psicológica, na qual se determinam as relações entre os dois mundos: o psicológico, representado pelo Espaço Vital; e o não psicológico, representado pelo invólucro externo. Isso significa que, não obstante o isolamento de P, os fatos não psicológicos afetam e alteram os fatos psicológicos.

Estendendo esses conceitos à prática psicoterapêutica, fica claro que a conceituação lewiniana sugere começar pela pessoa, como sujeito de uma totalidade interna, e, em seguida, pelos fatos não psicológicos, o meio ambiente. É fundamental para ele estabelecer a natureza dos fatos que existem no Espaço Vital. A pessoa é o imediato, existe num meio, e este está necessariamente em contato com o não psicológico. A análise apenas psicológica é insuficiente, porque os fatos não psicológicos podem mudar totalmente o processo interno do Espaço Vital, no momento em que uma variável significativa interfira. Temos, pois, de lidar com a vida como um Espaço Vital, um campo, uma realidade concreta e imediata, tentando entender como as coisas ocorrem aqui e agora, sem perder de vista as possibilidades do futuro, embora sem deixar que ele interfira como uma variável de predição de comportamento.

Considerando o Espaço Vital, a totalidade dos fatos em dado momento, o processo terapêutico deveria atingir uma abrangência que envolvesse todas as variáveis dos fatos psicológicos e não psicológicos.

Com base nessas considerações, o terapeuta facilitará o processo do cliente, ajudando-o a:

- trazer para o Espaço Vital psicoterapêutico todos os fatos que influenciam seu sistema de tensão;
- lidar com os fatos de sua vida como realidades imediatas, concretas, deixando suas fantasias ou conferindo-as com a totalidade do seu presente;
- perceber a realidade como algo aqui-e-agora, objeto e sujeito de respostas, as quais estão acessíveis ao seu poder; e

- perceber sua vida como um grande campo em que se jogam as mais variadas partidas, sabendo que para vencer são necessários uma decisão firme, um olhar constante "para o inimigo" e o desejo real e efetivo de ganhar.

Conceito de estrutura

Estrutura é um conceito importante e pertinente relacionado a uma metodologia que crie instrumentos para poder produzir mudanças. Tem relação direta com os conceitos de figura e fundo, como processos intercambiáveis na percepção da realidade. Falando de estrutura, figura e fundo, estamos colocando a questão da estaticidade ligada à questão da estrutura e da dinamicidade, mais concernente ao conceito de figura e fundo, no que diz respeito à possibilidade de mudança intrínseca ou extrínseca à realidade. Estrutura, figura ou fundo? É o significado que a estrutura tem para o sujeito que determinará essa relação.

A noção de estrutura apresenta duplo aspecto: o *formal*, que é caracterizado pelo fato de a psicologia se utilizar de uma formulação matemática que lhe fornece modelos estruturais; e o de *conteúdo*, segundo o qual a própria realidade, que é objeto de estudo da psicologia, é estrutural.[5]

"Todo o campo do espaço é cheio de linhas de força cujo arranjo depende dos corpos no campo, e a ação mecânica ou elétrica que se exerce sobre cada corpo é determinada pelas linhas que o ligam."[6] Na estrutura, essas linhas são determinadas pela função que exercem na totalidade funcional da realidade.

A estrutura pode ainda ser vista sob dois aspectos: o *epistemológico*, que tem como característica básica considerar o objeto de estudo, parte de um sistema de correlações. Nesse aspecto, ela vai além da observação e da classificação do objeto em questão para enfocar a estrutura em função de um modelo geométrico, algébrico ou dinâmico de relações estruturais. E o *ontológico*, à medida que consideramos a realidade estudada em si mesma. Isso significa que a estrutura é algo que existe para sustentação de algo mais amplo. É como algo existente antes de si mesmo, quer dizer, que possibilita o surgimento do outro. Não é visível; apenas sabemos de sua existência, e dele decorre a segunda realidade.

Em psicologia, a estrutura não decorre apenas de uma perspectiva metodológica, mas ela vê o próprio comportamento como estrutural, independente de qualquer mudança conceitual.

Mucchielli lembra que "estrutura" não se refere apenas a sistemas de correlação, mas a significações, quando aplicada à compreensão de fenômenos psicológicos.

> Uma estrutura de significação é aquilo em relação à qual um elemento do mundo toma significado para um sujeito. Mais exatamente, designa uma realidade operante que não tem nada de objetivo nem de consciente (não é diretamente observável e não é um conteúdo de consciência) e cuja ação converte os dados do mundo em significativos para um sujeito. A estrutura de significação supõe e implica uma relação essencial e existencial entre o sujeito e seu universo e é uma constante dinâmica desta relação. [...] A estrutura é unicamente capaz de dar sentido àquilo que ela estrutura. A estrutura é, a partir desse ponto de vista, uma forma vazia, mas dinâmica e bem definida, a qual dá uma forma e, portanto, uma significação ao que vem preenchê-la.[7]

Para Lévi-Strauss, a estrutura é, por sua natureza, estruturante e não se refere à realidade empírica, mas aos modelos construídos com base nela.

O observável em determinado momento não é necessariamente a estrutura, mas, sim, o resultado dela. Uma revolução, por exemplo, pode ter sua estrutura, mas ela é resultado de uma estrutura. Não se pode reduzir, portanto, a estrutura de um grupo ao conjunto das atitudes observáveis em dado momento. A estrutura pode ser sentida tanto conscientemente quanto inconscientemente.

Para Lévi-Strauss, as estruturas funcionam como modelos e têm as seguintes características:

1. Apresentam um caráter de sistema. Elas consistem em elementos tais que uma modificação em qualquer um deles acarreta a modificação de todos os outros.

GESTALT-TERAPIA DE CURTA DURAÇÃO

2. Todo modelo pertence a um grupo de transformações, cada uma das quais correspondendo a um modelo da mesma família, de modo que o conjunto dessas transformações constitui um grupo de modelos.
3. As propriedades acima permitem prever de que modo reagirá o modelo em caso de modificação de um de seus elementos.
4. O modelo deve ser construído de tal modo que seu funcionamento possa explicar todos os fatos observados.[8]

Tal distinção entre modelo e estrutura nos ajuda a perceber a realidade em dois momentos. Enquanto Strauss não considera a estrutura parte da própria realidade empírica, mas modelos construídos em relação a ela, o gestaltismo entende a estrutura como uma característica da própria realidade.

A visão estruturada é o oposto da visão associacionista, que entende a realidade como soma de elementos considerados que existem em si mesmos e se associam formando conjuntos aditivos que, segundo determinadas leis, formam a experiência. A totalidade do percebido é, nessa visão, decorrência da soma dos elementos que a constituem. Tal fato é desmentido, por exemplo, por uma melodia, que não poderia ser explicada pelas sensações isoladas de cada som. A melodia pode se transpor para outro tom e ser tocada por outro instrumento que continuará a mesma, ainda que todos os elementos tenham sido alterados.

A pessoa humana é como uma melodia. Feita de notas isoladas, ela não pode ser entendida. É a totalidade que é significativa. Ela dá sentido às partes, a cada som isoladamente. É uma estrutura complexa e tem de ser entendida pelo sistema, no qual tudo diz respeito a tudo. O sintoma é como uma nota desafinada de uma melodia. Toda melodia se altera quando uma nota é desafinada; o mesmo com o corpo e seu sintoma. Quando se corrige a nota, toda a melodia se reorganiza, e não apenas a nota anterior e a posterior, porque o todo é governado por leis próprias, que independem de suas partes.

A estrutura está intimamente ligada aos conceitos de forma e totalidade que se explicam mutuamente, pois o conceito de ambos é algo mais que a soma de suas partes. Estes têm propriedades que não resultam da simples soma das propriedades e se confundem com a estrutura.

Existem fatos físicos cujas partes se alteram em função do agrupamento, possuindo portanto características estruturais próprias, como o sistema solar ou a estrutura atômica, nos quais qualquer mudança provoca uma alteração na distribuição do conjunto como tal. As partes são membros orgânicos do todo e suas propriedades são função da estrutura total, ou o inverso.

As formas podem ter graus de diferenciação, fortes ou fracos, dependendo do grau a que se refere a subordinação parte/todo e da relação que se estabelece com a realidade como tal.

Wertheimer afirma que os fatos se organizam com base em como nossa percepção os organiza, estruturando-se como unidades que se agregam como totalidades, e que o princípio básico que preside esse processo é o da *boa forma ou da pregnância*. A forma é a melhor possível nas condições presentes.

Segundo Garcia-Rosa (1974), esse princípio diz que, em condições iguais, os estímulos que formam uma boa figura terão uma tendência a se agrupar. A boa forma será a mais regular, simples e simétrica. A lei da boa forma não pretende, de modo algum, representar uma concepção finalista. A ordem que a estrutura apresenta não lhe é transcendente nem possui caráter filosófico, mas se passa num plano puramente científico, ou seja, a realidade é naturalmente estruturada e pode ser observada e descrita.

A função da psicoterapia é levar a pessoa a ver os fatos por uma percepção nova; a ver a vida como uma figura nova, com estímulos novos, expectativas novas, para que tudo isso se agrupe em novos conjuntos, novas unidades geradoras de vida. A psicoterapia leva a pessoa a descobrir todas as possibilidades que se encontram nela e à sua volta pela percepção mais intuitiva da estrutura em que se encontra ou com a qual convive.

Köhler afirma que se o mundo físico apresenta características estruturais, gestálticas, nada impede que também o mundo filosófico seja visto sob o aspecto de formas, e considera "que o organismo,

GESTALT-TERAPIA DE CURTA DURAÇÃO

em vez de reagir aos estímulos locais, reage ao padrão de estímulos ao qual está exposto, e que essa reação é um processo unitário, um todo funcional, que oferece na experiência uma cena sensorial e não um mosaico de sensações locais".[9]

Isso significa que qualquer mudança no processo psicoterapêutico caminha na mesma direção, reagindo a padrões de estímulos, ao pacote, como se diz em Física Quântica, de tal modo que as modificações ocorridas não têm um caráter elementarista ou finalista, e, sim, de uma unidade, na qual a estrutura como tal é modificada e independe de uma relação linear entre causa e efeito.

Há um isomorfismo entre a experiência fenomenal e seu correlato fisiológico, os processos cerebrais. Isto significa que os caracteres estruturais do fato perceptual devem corresponder a caracteres igualmente estruturais (ou Gestálticos) do fato cerebral que lhe é correlato.[10]

Tal fenômeno ocorre ou deverá ocorrer analogicamente nos processos de mudança. A mudança não é apenas algo mental, é também fisiológica. A mudança de atitude corresponde necessariamente a uma mudança cerebral. Na realidade, existe uma profunda analogia entre o modo como alguém percebe a realidade e o modo como ela funciona. De fato, o funcionar está intimamente ligado ao perceber.

Assim, tanto os processos psicológicos quanto os físicos e os fisiológicos apresentam características estruturais. Este fato pode ser expresso pela tese fundamental da teoria gestáltica: há contextos nos quais o que acontece no todo não pode ser deduzido das características dos elementos separados, mas, inversamente, o que acontece a uma parte do todo é, em casos bem nítidos, determinado pelas leis da estrutura intrínseca ao todo.[11]

As relações estabelecidas pelas partes entre si em determinado Espaço Vital constituem sua estrutura, que é função das relações que as partes assumem entre si.

Essas partes podem não ser claramente diferenciadas, como no caso de um bebê, de uma neurose ou de uma psicose, em que, de certo modo, não só não existe uma diferenciação, como no caso do bebê, mas essa diferenciação se rompeu, como no caso da psicose. Neste último caso, a diferenciação eu-não-eu se rompe e realidade e irrealidade passam a não se distinguir.

O processo de diferenciação do mundo eu-não-eu no espaço vital e de realidade e fantasia vai se fazendo na razão em que a criança cresce ou a pessoa doente vai se re-encontrando com a vida. Esse também é o caminho da doença na direção da saúde. Passar da fantasia, do abstrato ao concreto, ao real.

A estrutura do Espaço Vital se organiza a partir do modo como a pessoa se localiza dentro dele. Localizá-la no Espaço Vital ajuda a entender se suas mudanças no comportamento estão em relação a uma mudança da pessoa ou da estrutura.

Devemos descobrir o lugar que a pessoa ocupa no Espaço Vital para poder deduzir outras posições, como vizinhança com outras regiões, possíveis locomoções, para perceber a intenção dela, caminhando em direção aos seus objetivos ou se afastando deles. É como se fosse uma relação de pertença. Pelo modo como uma pessoa se locomove em algum lugar, sabe-se qual a sua relação com o ambiente restante.

A mudança no Espaço Vital pode ser de natureza variada, por exemplo mudança apenas na estrutura cognitiva do Espaço Vital. Vários tipos de mudanças poderão ainda ocorrer, como:

1. um aumento na diferenciação de uma região, acarretando o surgimento de novas subregiões;
2. uma combinação de regiões distintas em uma única região;
3. um acréscimo de subregiões dentro de uma região;
4. a separação de subregiões previamente conexas, em regiões independentes; e
5. uma re-estruturação, isto é, uma mudança nas posições relativas das regiões, sem que ocorra simultaneamente um aumento de diferenciação.[12]

GESTALT-TERAPIA DE CURTA DURAÇÃO

Todo campo é feito de linhas de força cujo arranjo depende da disposição dos elementos nesse campo. A sequência de um fenômeno sobre outro dependerá da conexão da existência do fenômeno em si e de sua relação com as linhas que o interligam.

A noção de estrutura nos fornece muitos elementos para operacionalizar o comportamento terapêutico no sentido de facilitar, com economia de tempo, a mudança do cliente. Algumas atitudes podem ser pensadas e propostas.

Nessa visão, eis algumas atitudes que ajudam na escolha de novas estruturas comportamentais:

- estabelecer a conexão entre a existência e a relação do sintoma com o contexto de totalidade da vida do cliente;
- ajudar o cliente a perceber que a estrutura de sua vida não é formada apenas de fatos/problemas que o afligem, mas das significações que dá a esses fatos;
- ajudar o cliente a entender que o que o aflige não é necessariamente o que ele vê, mas, sim, o resultado do que ele vê, e é o processo e não o sintoma que tem de ser atacado;
- ajudar o cliente a entender a importância de lidar com outros fatos de sua vida e não apenas com os sintomas, pois qualquer melhora em uma área afeta todas as outras;
- ajudar o cliente a reorganizar sua percepção a respeito dos fatos de sua vida, pois é sua percepção que dá estrutura aos fatos, fixando-os;
- ajudar o cliente a pensar positivamente, pois os estímulos que formam uma boa figura se agrupam, adquirindo maior força de renovação. É a lei da pregnância;
- ajudar o cliente a mudar não só mentalmente, mas também nos seus hábitos corporais, pois à mudança de atitude corresponde necessariamente uma mudança cerebral, estrutural; e
- ajudar o cliente a perceber se ele está, de fato, caminhando em direção aos seus próprios interesses ou se está se afastando deles, pois, quando se conhece como alguém que se locomove no seu Espaço Vital, sabe-se que relação de fato estabelece com o ambiente.

Esses tipos de mudanças podem constituir um programa, sobretudo no caso das psicoterapias emergenciais ou breves, pois essas regiões podem ser constituídas de coisas concretas, de ideias ou emoções, sendo importante perceber como se sobrepõem, como se comunicam na fronteira do Espaço Vital ou como se encontram dependente ou interdependentemente.

Estamos lidando com um paradigma, com um modelo que inclui, do ponto de vista da estrutura, vida, movimento, energia, presentificação, mudança, em que tempo e espaço são usados dentro do conceito de campo vital, aqui-e-agora. Não estamos lidando com ideias, conceitos ou construtos isolados, ou que têm sentido por si sós a respeito da pessoa; estamos lidando com a pessoa em si, com o seu modo real de lidar com a vida.

A estrutura de personalidade, portanto, deve ser vista, no nosso contexto, como algo dinamicamente estático, um fundo que garante a continuidade da realidade da pessoa, sofrendo as influências do meio e das variáveis não psicológicas, estando, assim, ela mesma sujeita a mudanças.

Conceito de campo

O Espaço Vital, considerado dinamicamente, chama-se Campo Psicológico. O campo é constituído pela totalidade dos fatos coexistentes e mutuamente interdependentes, compreendendo tanto a pessoa quanto o meio, em dado momento. Não exclui nada, inclui tudo, desde que ocorra em você ou esteja em sua dependência.

O conceito de campo psicológico supõe que tudo aquilo que afeta o comportamento, num momento dado, deve ser representado como parte integrante do campo existente naquele momento. O campo não deve ser entendido apenas como uma realidade física, mas também fenomênica. Não são apenas os fatos físicos que produzem efeitos sobre o comportamento. O campo deve ser representado tal como ele existe para o indivíduo em questão, num determinado momento, e não como ele é em si. Para a constituição desse campo, as amizades, os objetivos conscientes e inconscientes, os sonhos, os medos são tão essenciais como qualquer ambiente físico.[13]

O campo psicológico é maior que a percepção que o indivíduo possa ter dele, pois o campo se compõe das variáveis psicológicas e das não psicológicas, como as biológicas e as sociais, que podem incidir direta ou indiretamente no comportamento do indivíduo.

O campo psíquico se divide em: 1) *Espaço Vital*, que possui duas regiões distintas: pessoa e meio, as quais são afetadas diretamente pelas variáveis psicológicas; e 2) *zona de fronteira*, a qual é afetada diretamente pelas variáveis não psicológicas.

A visão gestáltica de campo se distancia completamente de uma visão mecanicista, elementarista, que vê a realidade psicológica ou qualquer outra como composta de partículas elementares que se juntam formando um mosaico.

Garcia-Rosa (1974) afirma que, segundo Newton, a realidade era formada de corpos materiais que podiam ser divididos infinitamente e agiam uns sobre os outros por gravitação. Assim, entre duas partículas quaisquer de matéria há uma força diretamente proporcional ao produto de suas massas e inversamente proporcional ao quadrado da distância entre elas. Segundo Newton, essa força exercia sua ação a distância, não sendo a influência do meio levada em conta.

A Teoria do Campo vê a realidade como a totalidade dos fatos que podem ocorrer em dado momento. Tudo se inclui nessa totalidade, pessoa e meio, variáveis psicológicas e não psicológicas. Todos esses elementos distintos e dinamicamente inter-relacionados necessariamente se influenciam. O Espaço Vital é estruturado, não podendo, portanto, ser dividido indefinidamente. Embora possa ser subdividido em subregiões ou células, estes formam também uma unidade estrutural que não pode ser subdividida indefinidamente.

A realidade tem características de uma "Gestalt". Qualquer fragmentação que lhe seja imposta destruirá suas características estruturais. Mesmo que a célula possua mais de uma dimensão, sua divisão é impossível. Uma célula tem, portanto, o caráter de um ponto dentro do Espaço Vital.

Assim, analisar o comportamento de qualquer ser por meio de elementos isolados significa a destruição, a eliminação das características estruturais do fenômeno que se pretende estudar. Essa fragmentação transforma de tal modo o objeto que o resultado previsto do estudo jamais será o mesmo.

Isso é o mesmo que aconteceria com um sintoma se fôssemos vê-lo fora de um contexto total, pois estudá-lo em si é fragmentar o objeto em si. Não estamos dizendo para não estudar o sintoma, mas estudá-lo e, com base nesse estudo, querer explicar a totalidade é uma fragmentação e uma inversão do fenômeno.

O campo psicológico é constituído pela situação de totalidade de vida, de experiência que a pessoa vive em determinado momento, e é produto das emoções que dominam o campo naquele momento. Abrange pessoa e meio como partes constituintes dessa totalidade. O meio, por sua vez, abrange a totalidade dos fatos físicos, sociais e outros, não existindo assim como uma abstração. Como ocorre com o meio geográfico, ele é fenomênico e existe apenas quando percebido pelo sujeito. Esse meio, quando visto em um instante, envolve elementos conscientes e inconscientes, ou seja, ele abrange os fatos que se produzem no aqui-e- -agora, e aqueles outros que pertencem à situação de vida da pessoa. É como se nada fosse neutro nesse instante. Tudo influencia tudo, tudo é fruto de tudo. O momento é uma Gestalt. O campo será, pois, uma relação dinâmica e inevitável entre o Espaço Vital (pessoa + meio) e a zona de fronteira.

No momento em que dirijo, sou existencialmente motorista, sou também pai, professor, psicólogo. Esses dados influenciam, consciente e inconscientemente, o fato de estar dirigindo. O campo, no entanto, como figura, é o fato de estar aqui-e-agora dirigindo. É aí que se concentram minhas opções de liberdade e de responsabilidade.

Assim, estamos permanentemente diante de duas ou mais situações: a do momento e a de vida. Se pensarmos que a situação de vida tem mais estabilidade, podemos perceber uma justaposição de regiões e sabemos que as significações de determinado momento serão diferentes na razão em que se analise uma ou outra prioritariamente. Para o gestaltista, os fatos se interligam por vetores que criam relações dinâmicas entre as diversas regiões e não por eventos contíguos ou sucessivos.

GESTALT-TERAPIA DE CURTA DURAÇÃO

Lewin avança, dentro da visão estruturalista, ultrapassando a noção de campo psicológico, que envolve pessoa e meio, para aquela de campo social, que envolve grupo e meio. O grupo deixa de ser uma soma de elementos para ser algo com estrutura própria, mantendo com outros grupos uma relação dinâmica própria. O grupo deixa de ser algo semelhante à classe que define as pessoas pela sua semelhança, para ser um conjunto de pessoas agindo dinâmica e interdependentemente, ou seja, qualquer mudança ocorrida em uma de suas partes, em um de seus componentes modifica o estado de relação de todos os outros elementos, pois o grupo é concebido como um todo dinâmico.

A atitude psicoterapêutica considerará as variáveis psicológicas e as não psicológicas, porque a relação de interdependência delas determina as condições de fronteira de vida do indivíduo e do grupo. Indivíduo e grupo têm respectivamente seus campos psicológicos e sociais e estes são dinamicamente interdependentes, de tal modo que muitas vezes não se saberá o que pertence a um e a outro, haverá sempre uma superposição das fronteiras do espaço de vida do indivíduo e do grupo.

A noção de campo viabilizou o conceito de "sistema de tensão", que representa as necessidades psicológicas do indivíduo ou as do grupo em determinado campo e momento.

Um campo de força correlaciona cada região do campo à intensidade e à direção da força que irá atuar sobre o indivíduo, se ele estiver nessa região.

> Lewin chama a atenção para o fato de que o conceito de campo de forças não implica a força estar atuante numa região, que seria o indivíduo, mesmo que estes indivíduos não estivessem nessa região. Um campo de forças é condicional, quer dizer, ele é composto por forças que existiriam na região, se o indivíduo estivesse ali localizado.[14]

O campo de força não só engloba elementos relacionados com o estado interno e com o comportamento da pessoa em dado momento, mas também está em íntima relação de interdependência com as variáveis não psicológicas.

Não se pode, dessa forma, pensar a pessoa fora do conceito de campo. Ela se encontra, necessariamente, em um campo de força, às vezes físico, e sempre fenomênico, incluindo a si mesma e o meio em que se movimenta.

Na realidade, a pessoa humana tem o mundo à sua disposição, como um serviço gratuito que lhe é oferecido; ela pode usar o que lhe é conveniente. Juntamente com o mundo fora dela, ela se torna um ser de possibilidades.

O campo tem de ser visto como a totalidade dos fatos que ocorrem em determinado momento. O comportamento, então, é função do campo. Embora o campo possa ser pensado em subregiões, ele tem uma unidade estrutural que não lhe permite dividir-se indefinidamente. O comportamento é pensado como uma unidade estrutural, e o sintoma como uma subregião do mesmo campo.

Dessas noções emanam rumos, atitudes que o cliente poderá vivenciar na solução de seus problemas. Realidade e teoria andam juntas.

Nesse contexto, o terapeuta poderá ajudar o cliente a:

- ver-se como unidade estrutural, não permitindo que o sintoma fragmente sua realidade, como se fosse uma partícula elementar dentro de um sistema independente;
- perceber que todos vivemos uma dupla realidade: a da vida e a do momento em que o sintoma não pode tornar-se substituto de uma realidade maior;
- perceber o sintoma como um sistema de tensão, que decorre de suas necessidades psicológicas e se desfaz quando se tenta experienciar o sintoma dentro da totalidade do campo vital; e
- compreender que o sintoma funciona como um campo de força que só existe aqui-e-agora, isto é, o sintoma é uma resposta a uma variável psicológica ou não, presente agora, e é tanto mais doente quanto mais ele funciona sem que o fato ou a causa que o fazem funcionar estejam presentes. É como disparar tiros contra o inimigo que não está presente. Uma perda de energia desnecessária.

Conceito de causalidade e tempo

Os conceitos de tempo, causalidade e campo comportamental estão intimamente ligados. Existe entre eles uma dependência lógica da qual não se pode fugir ao falar de um deles. Eles formam uma relação complementar, um processo coeducativo por meio do qual aprendemos a nos comportar sem jamais deixar de pensar ou sentir que somos sujeitos desse tríplice processo existencial.

Para pensar o conceito de campo passado, presente e futuro, bem como o aqui-e-agora em determinado campo e tempo, temos de pensar, concomitantemente, a questão da causalidade na sua relação com o tempo. O conceito causalidade/efeito é mais bem entendido de acordo com o conceito de presente. Antecipar concretamente o futuro ou programá-lo é supor uma ordenação finalista nas coisas, como se houvesse uma pré-ordenação determinística e necessária entre atos que se sucedem por antecipação, um causando ordenadamente o outro. O mesmo raciocínio vale quando se quer explicar o presente pelo passado, como se de lá para cá o movimento fosse sempre numa única direção; uma coisa tendo gerado a outra. O tempo, na verdade, não é causa de nada. Ele não age sobre nós. Nós estamos no tempo. Ele é apenas testemunha silenciosa de nossos encontros e desencontros.

Saímos de um tempo cronológico como causa de nossas idas e vindas para uma vivência experienciada de uma visão estrutural da realidade submetida à relatividade da temporalidade e da ocasionalidade.

Explicar o presente pelo passado significará admitir que conhecemos o fato passado original de maneira clara e suficiente, que sabemos como esse alterou o campo naquele momento e como, de lá para cá, outros fatos modificaram ou não o campo passado. Assim, poderíamos estabelecer, *a posteriori*, a relação causa-efeito numa perspectiva histórica.

O que é uma causa? Como funciona?

O conceito de causalidade pode ser considerado, segundo Lewin, sob dois aspectos: 1) conceito sistêmico de causalidade, que indaga por que uma situação apresenta tais características e não outras; e 2) conceito histórico de causalidade, que pergunta por que o Espaço Vital, em determinado momento, apresenta exatamente essas características.

Embora pareçam semelhantes, o resultado da análise levará, sem dúvida, a lugares diferentes, pois, em uma situação, se quer saber por que foi exatamente aquele o resultado e, em outra, por que foi aquele e não outro.

Imaginemos um mecânico diante do problema de um motor de carro cuja causa ele ignora.

Se se caminha pela causalidade histórica, ele quererá saber se as válvulas, os parafusos e as correias são adequados para o carro e se tudo é original.

Se se caminha pela causalidade sistêmica, o mecânico, sem abandonar as suposições anteriores, quererá saber se os parafusos foram bem apertados, se as peças originais não estavam empenadas, se as correias foram esticadas corretamente, ou seja, ele examinará o dado e o meio em que o problema ocorre.

Talvez possamos dizer que a causalidade histórica que, com certeza, possui um valor incalculável trabalha com "o quê" e, consequentemente, tem algo que ver com quantidade, e a causalidade sistêmica trabalha com o "como" e tem algo que ver com a qualidade do dado.

O gestaltista dará prioridade à causalidade sistêmica, totalizadora, como sua metodologia preferencial.

A causalidade histórica nem sempre estabelece uma relação necessária entre fato e dado atual, pois uma coisa é um fato originário e o modo como ele passou a se relacionar com os fatos posteriores, e outra é saber qual a dinâmica da situação de um fato hoje, supostamente ligado a um fato passado que tem como resultado determinado comportamento.

Muitas vezes, não é importante saber se o fato passado existiu ou não, mas, sim, qual o lugar que se dá a esse fato na vida. É a referência ao passado que está afetada e não o passado como tal. Sabemos que não são as lembranças da pessoa que a fazem sofrer, e, sim, o fato de não se poder fazer nada com elas, de se sentir incapaz de resolver problemas atuais afetados por suas memórias.

O *princípio da contemporaneidade* afirma que qualquer mudança de comportamento no campo psicológico depende apenas das variáveis que atuam naquele campo, naquele momento. Tal fato não implica negar a importância do passado no campo presente, tampouco negar que essa experiência influencie a estruturação de comportamento aqui-e-agora, porque para os gestaltistas o tempo não é uma coisa abstrata, mas real, concreta, com determinada extensão temporal e direção.

Podemos creditar ao presente uma força transformadora de grande alcance. Quando o tempo presente é rico, reparador, com sentido de totalidade, as pessoas podem se rever com mais facilidade e menos dor. Poderão, talvez, até se curar, pois se curar não é função da temporalidade, mas do aqui-e-agora, tal como chega à *awareness* do indivíduo. Uma experiência antiga e traumática poderá ser desfeita por causa da relação cliente-mundo ou cliente-psicoterapeuta-mundo. O tempo é composto de momentos, mas não é necessariamente o único elemento transformador.[15]

Para compreender melhor essa situação, Lewin define *sistema fechado* como aquele em que todas as partes do tempo mantêm relação funcional umas com as outras, e o estado que caracteriza uma parte do sistema afeta o de todas as outras. Por outro lado, um *sistema isolado* é caracterizado pela presença de fronteiras intransponíveis e não implica necessariamente ser fechado, pois pode ser um simples agregado de coisas singulares. Portanto, para que possamos explicar uma situação presente por uma situação passada, deveríamos estar tratando sistemas fechados genidênticos; precisaríamos ter conhecimento de todas as características da situação passada, das leis segundo as quais essa situação se transforma no tempo, e, além disso, saber que nenhum fato de fora interferiu no desenrolar do processo.[16]

O campo psicológico possui certa "espessura temporal", pois o momento dado não é abstrato, sem duração alguma; pode durar minutos ou anos. Assim como o tempo, também o campo psicológico tem suas dimensões.

O campo psicológico abarca o passado não como algo imutável, causa do presente, e sim como é percebido agora pela pessoa. Abarca o futuro, como desejos, medos, antecipações, não o futuro em si, mas como é visto pela pessoa.

O conceito de tempo, como elemento que causa ou propicia mudanças, está no centro do processo terapêutico. Tempo e os existentes da existência, como liberdade, escolha, espera, cuidado, responsabilidade são processos correlatos. Sua totalidade é o que chamamos de experiência humana, lugar do prazer, da felicidade, da ilusão, da dor, da angústia. Nesse contexto, insere-se a psicoterapia. Segundo essa visão, o terapeuta poderá ajudar o cliente a:

- libertar-se do passado e do futuro, como memórias, imaginações e fantasias inadequadas, de modo que experiencie o presente como resposta à totalidade de suas indagações;
- ver o presente como a totalidade dos fatos em relação, distinguindo causa e efeito em determinada situação;
- sentir que não é necessário conhecer a natureza de um fato passado para entender o presente, porque não é o fato passado que o afeta, e sim o que o passado significa;
- experienciar que o presente contém uma grande força renovadora e curar-se não é uma questão de temporalidade, mas de consciência emocionada que só ocorre no presente; e
- perceber a espessura temporal do presente, no sentido de que o presente é concreto, real e a energia da emoção só ocorre no presente.

Conceito de realidade

Parece ser uma eterna procura a tendência de o ser humano distinguir o real e o irreal, o verdadeiro e o falso. Precisamos de um chão, de um universo mais próximo, mais aqui-e-agora para podermos agir e até voar, desde que possamos olhar para baixo e nos localizar. Somos no tempo e queremos estar nele com segurança, queremos nos relacionar de verdade, sem perder nossa capacidade de sonhar.

O conceito de realidade evoca imediatamente sua polaridade: a *irrealidade*.

Os níveis psicológicos de realidade em relação ao passado, ao presente e ao futuro correspondem à situação como de fato ela existiu e continuará existindo, segundo a percepção da realidade vivida pelo indivíduo.

Talvez se possa dizer o mesmo sobre o futuro. Os níveis de realidade do futuro dependem do grau em que a pessoa vive o presente, aqui-e-agora.

Para a criança, mais do que para o adulto, a realidade é essencialmente o presente, pois seu mundo espacial e temporal tem muito que ver com seu corpo, com o modo como sente seu corpo no momento presente.

Isso nos ajuda a entender por que os fatos da infância são particularmente traumáticos para certas pessoas que continuam a atribuir a eles, vinte anos depois, o mesmo grau de realidade de vinte anos antes.

A criança nova não distingue claramente desejos de fatos, esperanças de expectativas e, quanto menor ela for, maior será a facilidade com que passará do nível de realidade para o de irrealidade e o inverso, dando-se o primeiro caso, frequentemente, quando ela se encontra frente a frente com uma situação que ela julga insuportável. Não podendo solucioná-la objetivamente, resolve-a com auxílio da fantasia.[17]

Quanto menor é a criança, menos passado e futuro pertencem a seu Espaço Vital, ou seja, seu Espaço Vital inclui apenas o presente. No processo de desenvolvimento, essa definição vai se acentuando; ela passa do não-eu ao eu, começa a perceber seu corpo como distinto do mundo que a cerca e, então, futuro e presente tornam-se significativos, pois ao mesmo tempo a criança começa a perceber suas emoções, sua linguagem, suas necessidades, e passa a temê-las e/ou a desejá-las.

Realidade, irrealidade e sua relação com o passado, o presente e o futuro são estruturadas com base em desejos, em medos que afetam diretamente o modo como o Espaço Vital se organiza.

Garcia-Rosa (1974) lembra que sentimentos como esperança e culpa têm muito que ver com a percepção do Espaço Vital. À medida que a esperança supõe semelhança entre realidade e irrealidade no futuro psicológico, a culpa supõe alguma discrepância no passado psicológico.

A diferenciação ou a mudança estrutural, ou seja, a realidade percebida, ocorre no comportamento humano adulto ou infantil, basicamente, por intermédio de três movimentos:

1. *Diferenciação*, por meio da qual se introduz no Espaço Vital um aumento do número de dados, pessoas ou fatos que passam a se relacionar criando novas relações e interações. A realidade, neste caso, se amplia e pode tornar-se mais complexa.

2. *Integração*, topologicamente oposta à diferenciação, é também chamada de dediferenciação e, neste caso, assim como na integração, ocorre uma unificação de regiões. A realidade se condensa, parece mais simples, pode ser vista mais facilmente como uma totalidade.

Lewin estabelece uma pequena diferença entre a integração, que é um processo de organização do comportamento; e a dediferenciação, que é também uma organização, mas como processo regressivo, menos diferenciado, que ocorreria em situações de grande tensão emocional.

3. *Re-estruturação*, que ocorre quando um número de subpartes da região permanece o mesmo e suas posições relativas são alteradas. Essa mudança estrutural da situação por vezes é denominada *insight*, ocorre instantaneamente e pode incluir tanto o processo de diferenciação quanto o de re-estruturação. A realidade cai sob o domínio da consciência e com a chegada de um significado maior ocorre a intencionalidade.

As mudanças psicológicas estão intimamente ligadas à locomoção, de tal modo que, topologicamente, quando ocorre a locomoção na pessoa ou de uma pessoa de uma região para outra, implica re-estruturação de todo o campo, que pode possuir diversas regiões, de diferentes naturezas, dependendo da relação existente entre um objeto espacial e suas fronteiras. Na realidade, esse espaço pode ter diversas dimensões, ser bidimensional, tridimensional, e cada um pode ter setores que nos ajudam a definir o campo.

O espaço e suas dimensões estão diretamente ligados aos graus de realidade com que a pessoa se movimenta entre o espaço e sua fronteira.

Toda realidade contém determinado grau de irrealidade. Um desejo nunca é pleno, uma fantasia nunca é total. É fundamental que tenhamos um razoável conhecimento do grau de realidade e de liberdade dos processos psicológicos com que lidamos, e quando lidamos, para atuar sobre eles.

A realidade e a irrealidade dependem, muitas vezes, das emoções que as pessoas vivem em dado momento dentro do Espaço Vital. A locomoção pode ocorrer tanto de um processo a outro, assim como a pessoa pode também se locomover.

> Mas, na verdade, mesmo durante a fuga para a irrealidade, a pessoa permanece em parte no nível de realidade, pelo menos corporalmente, o que é atestado pelo fato de que é influenciada por processos que se dão nesse nível. Há casos, como na esquizofrenia, em que temos de considerar a pessoa como constituída de duas regiões dinâmicas relativamente separadas e pertencendo a diferentes níveis de realidade. Podemos, também, ter de representar a pessoa como uma região que pertence, ao mesmo tempo, a mais de um nível de realidade. Nesse caso, tanto a pessoa quanto o meio devem ser representados como uma região de pelo menos três dimensões.[18]

O comportamento de uma pessoa é influenciado, ao mesmo tempo, por vários níveis de realidade, ou seja, a locomoção tanto pode ocorrer intrapsiquicamente entre partes de uma mesma pessoa quanto com a pessoa como um todo em relação ao universo, além de suas fronteiras.

O processo psicoterapêutico caminha entre essas polaridades: realidade e irrealidade. O sintoma, embora se manifeste como real, visível, frequentemente é mantido por um processo de irrealidade; é uma situação de compromisso entre eu e mundo, pessoa e ambiente. É real como expressão de um processo que tenta manter a equilibração organísmica, e é irreal porque de fato não fornece à pessoa aquilo que ela "espera" receber dele. Trabalhar o sintoma significa, portanto, trabalhar o real e o irreal para a pessoa, sobretudo porque o sintoma, como resistência múltipla (físico-mental), se coloca entre um desejo e sua proibição, e porque ele surge como solução provisória de uma ansiedade maior. Até fisicamente o sintoma é uma tentativa desesperada de equilibração organísmica.

A psicoterapia de curta duração é essencialmente uma postura centrada no presente, na força transformadora do presente; por isso, estando no mesmo campo que o cliente e tentando olhar a realidade na mesma direção, competirá ao psicoterapeuta:

- ajudar o cliente a entender que o nível de realidade por ele vivido hoje se relaciona àquele que ele emprestava às coisas no passado, com a diferença de que a realidade passada se desfez e ficou apenas a lembrança;
- utilizar seu corpo para explorar a realidade hoje, pois o corpo, mais do que a mente, diz mais respeito à realidade presente que à passada;
- ajudar o cliente a perceber que esse apego ao passado diz mais respeito à dificuldade que ele tem de lidar com o presente do que ao fato passado em si, como gerador real de conflitos no presente, pois, quanto mais o presente é real, mais ele foge para a irrealidade do passado; e
- ajudar o cliente a perceber que, quanto mais ele se apega ao passado ou ao futuro, mais infantil se torna, pois desenvolver-se, mudar é passar do não-eu (passado-futuro) ao eu (presente) quando, por intermédio de uma visão mais concreta de seu corpo, ele aprende a se ver no presente.

Com base nessas considerações, lembramos que o grupo terapêutico se transforma também no lugar ideal para lidar com a questão da realidade e da irrealidade. Mediante uma reação em cadeia, o grupo vai separando o real do irreal, a fantasia da realidade, o passado e o futuro do presente, porque, embora no mesmo campo geográfico, cada membro do grupo experiencia o campo psicológico e comportamental de maneira diversa e complementar.

O grupo temático então experiencia muito mais fortemente realidade do que irrealidade, porque seu processo ocorre a partir da produção imediata do grupo. Tal fato, embora não explique necessariamente o tempo cronológico de uma psicoterapia breve, com certeza facilita a condução para a realidade, tornando o Espaço Vital em grupo e individual mais fluido e, em consequência, criativo.

Conceito de topologia

É árido na sua compreensão e, sobretudo, na sua visualização operacional. Insisto em apresentar esse conceito por uma básica questão de unidade de trabalho na Teoria do Campo, e porque a topologia nos permite estender seus conceitos geométricos à compreensão do comportamento humano. Estamos falando de topologia ou geometria humanas. Lewin define a topologia como:

Um ramo não quantitativo da matemática que trata das relações espaciais que podem ser estabelecidas em termos de parte e todo. Seu objetivo fundamental é a análise das figuras geométricas que se mantêm, mesmo quando estas figuras são deformadas a ponto de se alterarem todas as suas propriedades métricas. É, portanto, uma geometria não métrica, que representa as relações de parte-todo, conexão, posição, região aberta, região fechada etc., sem levar em consideração as noções de tamanho e direção. Quando representamos esquematicamente o sistema rodoviário de um país, estamos procedendo topologicamente. As curvas, os detalhes, as distâncias, não são levados em consideração, mas apenas as características estruturais do sistema.[19]

Faço um resumo de alguns dos principais conceitos da topologia lewiniana que nos ajudam a ler a realidade com base em um modelo sistêmico-estrutural.

- *Caminho* é uma região-linha, ligando dois pontos.
- *Espaço de movimento livre* é a totalidade das regiões às quais a pessoa tem acesso a partir de onde se encontra.
- *Região* é um seguimento no espaço e pode ter numerosas dimensões.
- *Região-ponto* é um seguimento no espaço considerado matematicamente como ponto de dimensão igual a zero.
- *Região conexa* é aquela na qual qualquer um de seus pontos pode ser ligado a outro por um caminho que está totalmente contido na região, sem ter de deixá-la. (Um grupo racial localizado é uma região conexa.)
- *Região não conexa* são duas ou mais regiões conexas, formando um conjunto compreensível. Um arquipélago, por exemplo. Os judeus espalhados pelo mundo são uma região não conexa.
- *Região fechada* é aquela que inclui todo o seu contorno ou seus pontos limites.
- *Região aberta* é aquela que não inclui o seu contorno, ou seus pontos limites, e para cada um de seus pontos há um vizinho que se encontra totalmente dentro da região.
- *Região limitada* pode ser circunscrita com uma curva fechada dentro da qual estará contida. Pode ser limitada ou ilimitada. Um plano pode ser uma região limitada; a parte interior de um círculo contido nesse plano é uma região limitada.
- *Região psicológica* é uma parte do Espaço Vital. Tudo aquilo que pode ser representado por uma região e caracteriza uma situação psicológica é parte do Espaço Vital. Uma pessoa, o próprio Espaço Vital como um todo é uma região psicológica. Um grupo social, uma floresta, o lugar onde se caminha, o poder de alguém. Uma região psicológica pode, qualitativamente, sobrepor-se à outra, ter limites comuns ou não, ou conectar-se com diferentes pontos de outra.
- *Interseção* é a totalidade dos pontos comuns entre A e B, que chamamos de A.B.

Quando dizemos A.B = 0 significa que A e B não possuem pontos comuns.

- *Locomoção psicológica* é qualquer mudança de posição ou postura, de tal modo que a região ou mudança se tornem parte de outra região. Essa locomoção pode ser representada por um caminho percorrido ou não, o qual caracteriza uma mudança no interior de um campo, que permanece suficientemente constante. A locomoção pode ser quase-física, quase-social, quase-conceitual. Cada caminho diferente no Espaço Vital corresponde a uma locomoção. Às vezes, uma locomoção física não é possível no Espaço Vital, mas é possível percorrer o mesmo caminho na fantasia.
- *Locomoção e comunicação* quando não sabemos se se trata de locomoção ou de comunicação entre duas regiões, se alguém passa de uma região a outra. Por exemplo, no caso de um grupo em que as pessoas se encontram num mesmo processo, parece mais tratar-se de comunicação do que de localização. Quando duas pessoas fazem contato a respeito de determinado fato, frequentemente estamos falando de comunicação.
- *Fronteiras das regiões psicológicas* são aquelas constituídas pelos pontos para os quais há uma circunvizinhança que não pertence inteiramente à região. Não se deve pensar em fronteira como algo físico, além do qual não se pode ir, porque em topologia não se trabalha com o conceito de direção. A fronteira é vencida pela locomoção, como entrar num jardim ou num grupo terapêutico, embora muitas vezes só *a posteriori* se perceba que se mudou de região. O processo de se incluir na matriz envolve uma modificação na fronteira do ponto de vista da comunicação.[20, 21]

Essas definições especificam o conceito topológico de certo dado. É importante, entretanto, vê-las não apenas como definições estáticas, mas que podem ser compreendidas, em termos de comportamento, analogicamente à função geométrica de uma região. Por exemplo, pela definição de região não conexa podemos entender dois sintomas que existem isoladamente no indivíduo ou no grupo, e que, dada sua semelhança, formam um conjunto, uma unidade significativa. Digamos que uma síndrome é o conjunto de uma região não conexa. Tal distinção facilita operacionalizar determinados comportamentos e nos ajuda a descrever uma situação de maneira mais clara para sugerir possíveis caminhos de solução de problemas.

Conceito de espaço hodológico

Hodologia é a ciência que trata de questões relativas às distâncias físicas. No nosso contexto, será usada de uma maneira mais ampla e tentaremos fazer uso analógico de seus construtos, no sentido de poder ler a personalidade a partir de uma dimensão das ciências exatas.

Lewin dizia que uma das coisas mais difíceis para representar o campo psicológico – nosso objeto de estudos – era desenvolver uma geometria adequada.

Já dissemos que o comportamento é função da pessoa e do meio, e o comportamento só se torna previsível no momento em que pessoa e meio são considerados parte de uma rede, de uma matriz de fatores interdependentes.

A totalidade de todos esses fatores é chamada de Espaço Vital (EV), e deve ser considerado um campo, no qual tudo que afeta o comportamento, independentemente de sua natureza, faz parte desse campo em dado momento.

Topologicamente é possível determinar várias regiões em um campo e estabelecer os caminhos que as ligam, mas é difícil representar situações psicológicas cuja dinâmica escapa a um mapeamento geométrico.

Para explicar esse problema, precisamos de conceitos como direção, distância e força, os quais, por sua vez, implicam conceitos como intensidade e tamanho, não representáveis pela topologia.

A essa nova forma de compreender o comportamento humano Lewin chamou de Geometria do Espaço Hodológico.

Lewin lembra que, de modo geral, as teorias psicológicas defendem o ponto de vista de que o comportamento é dirigido por forças psicológicas e, portanto, forças de natureza vetorial, ou seja, forças previsíveis e visíveis que são causas do comportamento.

Ele faz ainda uma distinção entre conceitos geométricos, que chama de "construtos de primeira ordem", lidando estes com o lado observável do comportamento, e conceitos dinâmicos, que ele chama de "construtos de segunda ordem", os quais estão diretamente ligados às causas internas de comportamento.

Citamos alguns dos principais conceitos utilizados pela hodologia lewiniana.

1. *Célula*: é a menor região do Espaço Vital. Uma célula é como se fosse um ponto no Espaço Vital, não podendo assim ser subdividida indefinidamente.

2. *Caminho privilegiado*: é aquele cuja valência (Va) do meio (M) é a maior possível do momento: Va (M) = Max. O caminho mais curto entre duas regiões não é necessariamente o mais agradável. *Dentre os vários meios possíveis, o caminho privilegiado dependerá das circunstâncias do momento, da natureza do caminho e das necessidades do indivíduo naquele momento.*

3. *Direção*: a direção de A até B é a relação existente entre essas duas regiões e é determinada pela etapa inicial do caminho escolhido da região A até a B. A direção pode ser ainda definida como diferencial inicial do caminho privilegiado de A a B. A distância entre A e B compreende a totalidade do caminho privilegiado.

4. *Direções opostas*: a direção é uma relação entre duas regiões, A e B. Isso não implica que a direção A e B seja igual à de B até A, mas à oposição entre ambas.

5. *Direção de "afastamento"*: no espaço hodológico distinguimos dois tipos de direção – a de "aproximação" (*direction toward*) e de "afastamento" (*direction a way from*).
6. *Caminho segmentado*: é aquele que contém mais de uma etapa. Caso seja indiferenciado, é chamado "não segmentado".

Lewin assinala que um caminho é uma totalidade. Ele pode ser definido como uma gestalt, de tal modo que qualquer modificação em uma de suas partes muda qualquer outra parte. O grau de unidade de um caminho não tem de ser, necessariamente, constante durante toda a locomoção. Ele se modifica à medida que cada etapa é cumprida e aumenta com a aproximação da meta. A unidade do caminho depende ainda da intensidade da necessidade relativa à meta, de tal modo que um aumento da necessidade geralmente provoca um aumento da potência (Po) da situação que se traduz por uma maior unidade de caminho.[22]

7. *Distância*: é uma relação entre duas regiões. Diz respeito mais à totalidade do caminho privilegiado do que à propriedade desse caminho em determinado ponto.

A noção de distância e direção fundamenta-se na noção topológica de caminho. Ambas estão inicialmente ligadas ao conceito de *minimum*, tornando preferidos em geral o menor tempo e a menor distância.

Acontece, também, que nem sempre o caminho privilegiado é o mais rápido, pois podemos preferi-lo a favor do mais seguro ou do mais agradável. Frequentemente, entre dois caminhos que nos levam ao mesmo lugar, escolhemos o mais agradável em vez de o mais curto. Na solução de um problema, podemos escolher a solução mais demorada, porém mais segura e elegante, do que a mais rápida. Se temos hora marcada e nos sobra tempo, podemos escolher o caminho mais longo a fim de evitar uma espera desconfortável. Nesses casos, o critério de escolha se apoiará sobre o princípio de *maximum*.[23]

Existe ainda a possibilidade de que a escolha não obedeça nem ao princípio do minimum, *nem do* maximum, *quando só existe um ca-*

minho único. Neste caso, não haverá escolha, porque entre dois pontos não há mais que um caminho possível.

A distância e a direção entre dois pontos A e B dependem do modo de locomoção (andar, pensar, falar etc.) e do princípio de escolha concernente ao caminho (o mais rápido, o mais curto etc.). Isso significa dizer que o conceito de direção de A e B no espaço hodológico não possui um sentido unívoco senão na medida em que se encontra um princípio de escolha que possui, neste caso, valor principal[...]. Porém, como já foi assinalado, o critério de escolha não será arbitrário, mas dependerá de circunstâncias de momento tais como a natureza do caminho, as necessidades do indivíduo, decorrendo, portanto, da própria situação momentânea.[24]

No espaço hodológico a direção não é uma relação entre dois pontos, como no espaço euclidiano e no riemanniano, nos quais a totalidade dos pontos pertinentes a uma mesma linha, numa mesma direção em relação a um ponto A, forma um espaço unidimensional, mas uma relação entre duas regiões, e não se refere, como no espaço euclidiano, a uma linha reta, mas ao caminho segmentado considerado como uma gestalt.[25]

A escolha de um caminho, no espaço euclidiano, depende da vizinhança imediata do caminho, o que o torna um *caminho privilegiado*. No espaço hodológico, a escolha do caminho e sua direção vão depender do campo como totalidade de sua estrutura cognitiva, do estado da vizinhança imediata do caminho privilegiado e não apenas das características do caminho.

Quanto mais se conhece uma realidade que pode ser trabalhada como campo em dado momento tanto mais direções serão possíveis dentro de um Espaço Vital. O número de direções possíveis é uma função da estrutura cognitiva do campo. Só é possível uma mudança de direção na ação, quando ocorre uma mudança na estrutura cognitiva da situação.

Exemplificando: *penso que um sintoma é como um caminho segmentado, embora pareça um caminho privilegiado, apresentando-se como uma totalidade falsa, pois a construção do sintoma é feita sempre por partes, até que ele assuma uma unidade significativa. Por isso, o sintoma é uma solução provisória para uma realidade maior. Atacar o sintoma é supor que a parte contém o todo. Na realidade, não há solução verdadeira de um sintoma sem que a totalidade esteja sob questão, sem que se saiba o "porquê" e o "como" de seu aparecimento, e as relações de ganhos que apresenta com relação às partes que lhe são vizinhas. Na verdade, o sintoma é como um muro que esconde das outras partes o perigo a que se expõe pela presença do inimigo.*

À luz dessas reflexões que nos colocam diante do sintoma, fruto de caminhos diversos, e no espírito das reflexões anteriores, compete ao terapeuta:

- perceber que o sintoma é fruto de três dimensões: distância, direção e escolha, e a direção do sintoma não possui um sentido único, unívoco, a não ser que o cliente dê, por várias razões, mais valor à escolha do que ao próprio sintoma;
- perceber que num sintoma existem várias regiões interligadas por um elo comum, e é difícil mapeá-lo porque, sendo também de origem mental, não pode ser representado ou entendido geograficamente;
- observar que o sintoma é um "construto de primeira ordem", tem um lado geometricamente observável, e é também um "construto de segunda ordem", pois tem um lado psicodinâmico; são esses processos que estão mais diretamente ligados à causa do comportamento;
- observar que o sintoma é como um ponto que dista desigualmente de dois lugares. Por exemplo: o problema e sua solução. Por isso, esses dois lugares devem ser vistos como uma totalidade, cuja solução é como um caminho privilegiado, no qual nem sempre o caminho mais curto é o mais agradável. Depende do momento, da natureza do caminho, da vizinhança, de soluções e das necessidades de quem deverá trilhá-lo; e

- perceber que, quanto mais o cliente conhecer a estrutura do campo no qual ele se locomove, isto é, a realidade como campo, mais soluções e caminhos ele encontrará, pois a mudança na direção da ação é função da mudança na estrutura cognitiva da situação.

Assim sendo, é função do psicoterapeuta colocar o cliente, da maneira mais clara possível, diante de sua realidade, conduzindo-o a uma consciência emocionada, fruto de um processo cognitivo e de uma vivência emocional adequada.

Conceito de força

A primeira ideia que nos vem à mente ao falar de força é a de força física. "Fulano tem muita força... é preciso muita força para levantar este peso etc." Mas também escutamos: "Fulano tem muita força mental... é preciso muita força para suportar tal problema". Estamos falando, também, dessa força, mas precisamos defini-la melhor para que possamos usar este conceito adequadamente.

O conceito de força é utilizado em diversas ciências, como a física, a política, a psicologia. Para que se torne compreensível no campo psicológico, ele deverá conter as mesmas propriedades conceituais das demais ciências.

Força é um conceito dinâmico e designa fatos que não podem ser direta e individualmente observáveis, mas que representam relações entre fatos observáveis. "Força" é um construto cuja compreensibilidade dependerá do conceito teórico em que se enquadra, e não pode ser explicado por outro referencial teórico. Os conceitos de força política e física não se aplicam à psicologia, pois as leis que governam as forças psicológicas são diferentes.

Lewin afirma que "força psicológica" deve ser entendida com base em duas definições: propriedade conceitual e definição coordenada.

Lewin aponta como *propriedades conceituais* do construto "força": 1. direção; 2. intensidade; e 3. ponto de aplicação. As duas primeiras propriedades podem ser representadas matematicamente como um vetor ($\Rightarrow$). O ponto de aplicação diz respeito à região que é tocada pela ponta da flecha.[26]

Lewin afirma que o construto "força" em psicologia recebe sustentação teórica pelo conceito de locomoção, porque só pode ser relacionado com a totalidade das forças que atuam numa região, em determinado momento, isto é, com a resultante das forças.

Embora Lewin não considere totalmente adequado introduzir em psicologia o conceito "resultante de forças" por ser uma transposição, não vê como explicar a locomoção psicológica a não ser por meio de uma resultante de forças, pois ali ocorrem certamente numerosas forças, além de se sustentar teoricamente que o construto "força" deverá estar ligado, coordenado a fatos observáveis, como ocorre na locomoção, que pode ser diretamente observável.

Como *definição coordenada* do construto "força", Lewin afirma: "Se a resultante das forças psicológicas que atuam numa região é maior do que zero, haverá uma locomoção na direção da força resultante ou a estrutura da situação se alterará de tal forma que a mudança será equivalente a tal locomoção"[27].

Isso significa que num processo há possibilidade de reversibilidade das forças psicológicas e não psicológicas, pois há casos em que a mudança no Espaço Vital é causada por fatores não psicológicos, não governados pelas leis que regulam o Espaço Vital. A força psicológica, como construto, é coordenada por processos psicológicos. Por analogia, isso significa, ainda, que para entendermos um sintoma devemos saber como as propriedades conceituais da força estão em funcionamento, se decorrentes apenas de forças psicológicas ou não. Do contrário, poder-se-á dar grandes passos em direção errada.

Considerando que o sintoma é uma força e consegue se fazer maior que zero provocando uma locomoção na direção desse resultado, impõe-se a mudança da direção do abandono do sintoma por meio de uma resultante de forças que atuará na região afetada.

Nesse contexto, competirá ao terapeuta entender que o sintoma:

- é um centro de convergência energética, que se autorregula dentro de um campo de força maior;

- pode ser visto como uma "resultante de forças", com propriedades conceituais como direção, intensidade e ponto de aplicação, ressaltando que direção e intensidade são visíveis no sintoma, ao passo que "o ponto de aplicação" é um vetor fenomênico, como uma flecha invisível procurando um ponto no organismo para se autorregular; e
- é resultante de uma força maior que zero, portanto, locomove-se na direção que lhe for mais natural, ou então se fixará na estrutura impedindo uma locomoção que possa produzir mudanças.

Com base nessas considerações, o psicoterapeuta caminhará com o cliente na estrada das possibilidades, inclusive aquela da reversibilidade, porque em um campo de força nada está predeterminado.

Conceito de valência

Valência é uma palavra pouco usada no cotidiano das pessoas, pois se pressupõe que ela deva ser usada com precisão. Podemos substituí-la por um processo, por um sentimento, por algo equivalente como: aquilo que vale, o valor que dou ou que damos a um sentimento, coisa, ou pessoa. Quando perguntamos quanto isso vale, quanto isso é importante, estamos falando da valência da coisa, da pessoa, da emoção etc.

Na Teoria do Campo, valência define-se como: "Uma região (o) que possui uma valência Va (o) é definida como uma região do Espaço Vital de um indivíduo P que atrai ou repele esse indivíduo"[28].

Se a valência atrai o indivíduo, ela é positiva. Se repele, é negativa. A valência é a propriedade que uma região tem de atrair ou repelir alguém e é decorrência dos mais variados fatores, como beleza, fome, estado emocional etc.

Apesar de o conceito de valência estar ligado ao conceito de força, uma valência não é uma força. A força correspondente a uma valência aumenta ou diminui de acordo com a mudança na intensidade da necessidade, mas também depende da distância da pessoa à meta (o). Uma valência positiva corresponde a um campo de forças no qual todas as regiões estão voltadas na mesma direção. Diz-se, da mesma forma, que uma valência negativa corresponde a um campo de forças no qual todas as forças estão voltadas na direção oposta à mesma região.[29]

Quando a cada região corresponde uma força, em direção a uma mesma região O, chama-se esse campo de "Campo de forças central positivo". No caso de todas as forças serem opostas a uma mesma região, o campo é chamado de "Campo de forças central negativo".[30]

Lewin distingue dois tipos de força: *impulsora* e *frenadora*. A *impulsora* promove a locomoção e pode funcionar tanto dirigindo-se a uma valência positiva quanto afastando-se de uma negativa, ao passo que a *frenadora* corresponde aos obstáculos, às barreiras que impedem a locomoção. A direção das forças relativas a uma barreira é equivalente à das forças correspondentes a uma valência negativa. A intensidade da força depende não apenas das características da barreira, mas também da intensidade da força.

Ações mais discriminadas, dirigidas ou elaboradas correspondem à maior diferenciação do Espaço Vital. Portanto, quando o campo é mais estruturado, a força despendida é maior.

Isso significa que o processo de mudança deve passar por uma diferenciação de atitudes sempre mais ampla no sentido de dotar o Espaço Vital de maiores possibilidades. Quando se aumentam as possibilidades de ação entre pessoa e meio, um campo de força transformador ocorre naturalmente. Trata-se, portanto, de criar forças propulsoras cuja valência positiva facilite a transformação dos campos em questão. É natural que um sintoma antigo também seja mais estruturado, tornando mais difícil a ação psicoterapêutica.

Compete ao terapeuta entender que:

- o sintoma é um campo de força, cuja valência positiva ou negativa vai depender dos fatores e das propriedades da região no qual ele se assenta: fome, beleza, medo, coragem;

GESTALT-TERAPIA DE CURTA DURAÇÃO

- um sintoma é tanto mais intenso quanto maior for a necessidade de mantê-lo, quanto mais distante estiver da razão pela qual se sustenta, ou de uma solução saudável da situação; e
- um sintoma pode ser um "campo de forças central positivo ou negativo", dependendo da lógica, ou seja, se ele é uma força impulsora no sentido de um grito positivo de pedido de ajuda; ou frenadora, isto é, se ele é uma escolha de lidar com a realidade e sua solução de forma estaticamente destrutiva; sintoma como solução ou morte.

À medida que o cliente sente necessidade de abandonar o sintoma, mais força ocorrerá nessa direção, pois as valências positivas corresponderão ao campo de forças do desejo de mudança. O cliente não tem um sintoma. Ele vive a experiência de um sintoma como um conjunto de vetores que se ordenaram para produzir uma realidade desequilibradora. Essa realidade precisa ser desestruturada para que o cliente possa fluir e encontrar novas soluções. A fixação no sintoma é uma forma de autorregulação; por isso, às vezes, o cliente sente até conforto no sintoma e teme sua mudança. A ação terapêutica deve interromper essa desarmonia harmonizada.

Conceito de equilíbrio

"Pessoa equilibrada" "A situação está equilibrada" "Equilíbrio da balança comercial" são expressões que ouvimos a todo instante e que nos mostram como o conceito de equilíbrio é usado livremente, trazendo-nos, do ponto de vista epistemológico, uma dificuldade real de definição.

Embora o conceito de equilíbrio tenha muita importância no contexto da Teoria do Campo e da psicologia em geral, é extremamente impreciso, porque é análogo àquele da biologia, da física, da sociologia e, às vezes, é usado em sentido diferente, pela mesma pessoa.

Esse conceito supõe a existência de um estado de equilíbrio entre pessoa e meio, o qual, uma vez rompido, provoca locomoção de uma região a outra, pela tensão no campo que, por sua vez, é uma tentativa de equilíbrio organísmico.

O conceito de equilíbrio é múltiplo, podendo ser usado com significados diferentes. Na física, como é estudado pela estática, como transformação cinética, envolve movimento ou mudança.

Segundo Lotka, além da distinção já feita, podemos falar de equilíbrio dinâmico e energético.

> Dinamicamente, o equilíbrio é considerado um estado em que as forças são distribuídas de tal modo que a força resultante desaparece. Do ponto de vista das relações energéticas de um sistema, o equilíbrio é definido como um estado de potencial mínimo ou máximo.[31]

É interessante estudar também o modo como Köhler distingue as diversas formas de estados de equilíbrio:

1. **Equilíbrio estático:** também chamado de verdadeiro; é aquele em que nenhuma mudança ocorre durante um período considerável de tempo, como o equilíbrio de um livro colocado sobre uma mesa.
2. **Quase-equilíbrio ou processo estacionário:** é aquele caracterizado por mudanças regulares e contínuas sem que, no entanto, as propriedades do sistema sejam alteradas, como a passagem constante de corrente elétrica por um condutor.
3. **Equilíbrio móvel ou processo quase-estacionário:** é aquele em que as condições de mudanças intervêm de modo tão lento que não nos permitem notar os fatores especificamente dinâmicos.[32]

Para Lewin, a questão do equilíbrio mostra-se particularmente importante para entender os processos de conflito que ocorrem no caso dos campos superpostos. Ele procura verificar o potencial do sistema para daí tirar critérios que lhe permitam distinguir as diversas formas de equilíbrio, das quais ele cita três:

a. **estável,** que corresponde ao equilíbrio verdadeiro ou quase-equilíbrio, dependendo de v (velocidade de transformação) e

Σ F serem nulos ou diferentes de zero, no qual uma pequena mudança no campo, para além do ponto de equilíbrio, acarreta uma mudança nas forças que compõem este campo, de tal modo que o campo retorna ao estado anterior de equilíbrio.

b. **instável** (o potencial nem é mínimo nem constante). Uma pequena alteração no campo pode acarretar uma mudança na constelação de forças, de tal modo que o campo, em vez de voltar ao estado de equilíbrio, locomove-se em outra direção.

c. **indiferente** é aquele em que, não obstante uma pequena mudança de posição, o campo se mantém em equilíbrio.

Porém é preciso ressaltar que um estado de equilíbrio não significa ausência de tensão. Um sistema pode se encontrar em equilíbrio e sob tensão. Um livro colocado sobre uma mesa forma um conjunto equilibrado, no qual a força de gravitação é compensada pela força de reação oferecida pela superfície da mesa. Um estado estacionário de tensão supõe, porém, certa rigidez do sistema e solidez de suas fronteiras, caso contrário, as forças tenderiam a um deslocamento que impediria um estado de tensão estática.[33]

Ou seja, *sem resistência é impossível a mudança, porque desaparecem do organismo as fronteiras que identificam as situações de conflito, e a pessoa perde sua identidade ou seu equilíbrio estático.*

O conceito de equilíbrio quase-estacionário, por exemplo, é particularmente útil para entender a questão da dinâmica grupal. O grupo flui, move-se, está permanentemente em processo de mudança, não obstante, mantém certas características estruturais constantes. O grupo, então, experiencia um processo quase-estacionário, convive com os mais variados processos por ação, omissão ou indiferença. Nesse contexto, podemos falar em ausência de mudança, quando todas as variáveis presentes e mantenedoras de um processo se mantêm as mesmas, não obstante sua multiplicidade interdependente. Podemos falar de resistência à mudança quando, ocorrendo mudança em algum sistema, o processo continua constante e o resultado também continua o mesmo.

Qualquer comportamento é resultado de uma série de atitudes que, juntando-se umas às outras, terminam por lhe dar sentido. É resultado de forças impulsoras e frenadoras que provocam um processo por determinado tempo. Podemos dizer que os hábitos, os comportamentos, envolvem processos dinâmicos e transformadores e, para modificá-los, é preciso romper o círculo do medo e/ou da segurança que apresentam ou sugerem por meio de uma modificação na resistência interna do sistema.

Pensando o conceito de equilíbrio e transportando-o para o campo da psicoterapia, diríamos que o conceito de equilíbrio está diretamente ligado ao processo de construção do sintoma, como tentativa de solução do problema. Na verdade, no sintoma ocorre um equilíbrio estático, por meio do qual o cliente pretende manter as coisas como estão; um quase-equilíbrio, em que pequeninas, regulares e contínuas mudanças ocorrem, mas sem alterar as propriedades do sistema; e um equilíbrio móvel, no qual ocorrem mudanças, mas tão lentas e sutis que não nos permitem uma análise da estrutura (sintoma) em questão.

Nesse contexto, o terapeuta deverá:

- ajudar o cliente a perceber que o equilíbrio só ocorre numa relação verdadeira pessoa-mundo e que mudar é criar um novo tipo de tensão no campo, o qual resulta numa nova locomoção; e
- lembrar-se e lembrar o cliente de que equilíbrio não significa ausência de tensão, pois um sistema pode se encontrar em equilíbrio e sob tensão, como ocorre no sintoma. O sintoma é uma tentativa de equilibração e é, ao mesmo tempo, um campo em tensão. Isso significa que nem sempre retirar a tensão é provocar um equilíbrio verdadeiro.

A resistência supõe certa rigidez e solidez de fronteira para que ela possa se manter como um equilíbrio estacionário e resultar num efeito que compense sua manutenção. Assim, a mudança só é possível quando do existe resistência na fronteira, pois, do contrário, não haveria o que mudar. Esta é também a razão pela qual não se pode simplesmente tirar a resistência das pessoas, porque elas ficariam sem chão, sem autoapoio interno e perderiam seus referenciais imediatos, e porque é por meio da resistência que ocorrerá a mudança.

Conceito de tensão

Tensão, tenso são termos de uso cotidiano. Parece que a anormalidade da tensão virou normalidade do cotidiano. É como se em meio à complexidade do mundo moderno não pudéssemos viver o sozinho harmonioso que cada um de nós deseja. As causas da tensão física ou mental são as mais diversas. Existe, inclusive, uma tensão inconsciente que, na sua origem, tem nossos conflitos internos ligados quase sempre à questão fundamental do desejo.

Tensão e conflito funcionam como figura e fundo. Desejo e necessidade, querer e poder estão no centro do conceito de tensão. Onde existe tensão, existem desejo ou mais campos de força em disputa.

Chamamos de tensão o processo de oposição entre dois campos de forças. A intensidade da tensão é função da intensidade entre essas forças opostas.

Lewin fala de três tipos de conflito:[34]

1. Aquele em que alguém se acha entre duas valências positivas: assistir a um filme agradável ou ir a uma sauna. Neste caso, a pessoa tentará atingir, a seu modo, os dois objetivos. Não abandona o campo e tentará um esforço quase-físico, quase-social, quase-conceitual para atingir os dois.

2. A pessoa encontra-se entre duas valências negativas: alguém é ameaçado de ser levado a um hospital se não tomar um remédio desagradável.
   Neste caso, quase sempre surge uma força resultante na direção de abandonar imediatamente o campo. Nem hospital nem remédio.

3. A pessoa encontra-se entre uma valência positiva e uma negativa. Uma criança quer chupar um picolé e está gripada. Neste caso, existe uma barreira: está gripada, está proibida de chupar o picolé. Ela tentará, de qualquer jeito, vencer a barreira, ultrapassá-la. Essa barreira tem uma valência negativa. Se não conseguir ultrapassá-la, ela se tornará cada vez mais forte, mais negativa e, finalmente, ultrapassará a valência positiva e, então, a criança abandonará o campo, embora provavelmente tente retornar à solução do problema, desistindo, de vez, após algumas tentativas.

O conceito de tensão refere-se ao estado de um sistema, ou seja, uma região considerada em relação ao seu estado de tensão. A tensão possui, segundo Lewin, as seguintes propriedades: 1. é um estado de um sistema s que procura se modificar no sentido de se tornar igual ao estado dos sistemas vizinhos; 2. implica forças nas fronteiras do sistema s em tensão;[35] e 3. sempre que houver uma necessidade psicológica, haverá um sistema em estado de tensão no indivíduo.

Lewin considera que a persistência, na tentativa de solução de um problema que cause tensão, incluindo ações para sua solução, depende da história ou de um processo histórico da pessoa, e a persistência implica mudança na natureza da situação.

Tal fato explica por que certos clientes ficam longo tempo em psicoterapia falando sempre do mesmo assunto. A pessoa pode reforçar uma situação tanto ruim quanto boa na razão em que insiste em resolver o problema, quando este é considerado isoladamente. É importante que o psicoterapeuta leve a pessoa a se ver em todo o seu Espaço Vital, saindo da fronteira rígida criada por ela, quando apenas se vê intrapsiquicamente.

Pode acontecer que, se de um lado a repetição aumenta a resistência nas fronteiras, de outro a tensão gera necessidade de mudança e, consequentemente, a vontade e o poder de mudar por novas motivações. Às vezes, a pessoa fica anos sob determinada tensão: um casamento infeliz, um emprego destruidor. Sabe que vai se separar, deixar o emprego, mas permanece anos na mesma situação. É o caso do conflito por valência positiva e negativa. Se não se consegue ultrapassar esta última, o conflito se instala definitivamente com a estruturação final do campo. Sem se descobrir as valências positivas do conflito, o comportamento vai se solidificando cada vez mais, por meio de atitudes em série, concatenadoras da produção de um efeito não desejado.

Lewin chama a atenção para o fato de as forças psicológicas não afetarem diretamente o sistema motor (M) da pessoa e, sim, as regiões intrapessoais, pois as forças psicológicas não exercem uma ação mecânica sobre as pessoas, mas atuam por meio da motivação, que, por sua vez, está em íntima relação com o conceito de tensão, e este com o conceito de valência.

Um sistema tenderá a igualar-se ao sistema vizinho sempre que as fronteiras entre eles forem frágeis, não oferecendo resistência à mudança. Quando a resistência é muito grande, a difusão da tensão será bloqueada até por uma questão de autorregulação.

O efeito dessas forças depende tanto do sistema motor quanto das regiões intrapessoais. Conhecer a estrutura do meio e da pessoa é fundamental para entender o efeito final produzido por essa interdependência, pois a pessoa é função do meio e o meio é função da pessoa; ambos, na sua interdependência, formam o processo relacional, no qual a tensão ocorre em diferentes níveis.

São fatores dinâmicos básicos do meio: a estrutura cognitiva que se possui do meio, as valências e as forças. São fatores básicos da pessoa: a estrutura e, consequentemente, seu processo de entrar em tensão.

A toda necessidade corresponde um sistema de tensão da região interna da pessoa. Quando essa necessidade é satisfeita, diminui o estado de tensão.

O estado das necessidades do sujeito afeta fundamentalmente a estrutura cognitiva de seu Espaço Vital, tanto a do presente quanto a do passado e futuro psicológicos, e seu efeito depende da intensidade da necessidade e da fluidez das áreas correlatas do Espaço Vital.[36]

Uma necessidade ou quase necessidade pode modificar consideravelmente a estrutura do campo se ele for suficientemente fluido. Já vimos que a fluidez de um campo depende de sua maior ou menor resistência à locomoção. Assim sendo, se quantidades diferentes de tensão são mantidas por considerável intervalo de tempo, podemos supor que esse campo não é muito fluido, pois, se assim fosse, qualquer diferença entre os níveis de tensão dos vários sistemas desapareceria em função da tendência que cada sistema vizinho possui.[37]

O oposto também é verdadeiro.

Uma pessoa não pode ser considerada inteiramente rígida. Se assim fosse, o efeito que uma necessidade tem sobre as outras e sobre o seu nível de tensão como um todo não poderia ser avaliado. Uma pessoa, portanto, tem de ser concebida como possuindo um grau médio de fluidez na intercomunicação dos seus sistemas de tensão.[38]

A fluidez aumenta à medida que passamos do nível de realidade para o de irrealidade, razão pela qual este último é mais facilmente influenciado por desejos e medos.[39]

A satisfação de uma necessidade pode ser realizada tanto alcançando o objetivo original quanto um objetivo substituto. Segundo Lewin, a intenção de realizar determinada ação equivale à criação de uma quase-necessidade; portanto, enquanto ela não for satisfeita, existirá uma força correspondente à região-objetivo capaz de provocar uma locomoção, isto é, uma realização substitutiva do desejo.[40]

Quando a satisfação original é realizada, pode ocorrer uma satisfação substituta. Esta pode acontecer tanto na realidade quanto na fantasia. A satisfação substituta da fantasia é mais comum, como já vimos, em virtude de que, neste nível, há maior fluidez e, portanto, menor resistência à ação.

Lewin conclui que o mais fundamental e mais geral efeito de uma necessidade é a tendência em mudar a estrutura do meio. A necessidade, portanto, conduz a uma mudança de meio tanto por uma

GESTALT-TERAPIA DE CURTA DURAÇÃO

re-estruturação cognitiva quanto por uma mudança da estrutura por meio da locomoção.

Mudar é locomover-se no Espaço Vital, e essa locomoção é dinamicamente maior ou menor dependendo das forças que atuam neste campo. Dependendo do grau de resistência que as fronteiras possam oferecer, a resistência será maior ou menor. Quanto mais sólida a barreira de fronteira, mais difíceis serão as mudanças e a locomoção. Assim, o grau de fluidez determinará o nível das mudanças. Quanto mais fluida for a situação, menor força será necessária para operar mudança.

Do mesmo modo, poderíamos dizer que quanto maior for o grau de fluidez maior será o nível de irrealidade presente no campo, como ocorre nos sonhos, nos desejos, nas brincadeiras, em que barreiras reais são muito mais facilmente vencidas do que na realidade, que provoca a tensão de solução do problema. E quanto menor o grau de fluidez de uma região provavelmente tanto maior será o grau de realidade existente em dado momento. Poderíamos ainda dizer que as regiões mais periféricas de uma pessoa gozam de maior grau de fluidez. Isto é: é mais fácil mudar o desejo ou conviver com o desejo negado por alguém de ir ao cinema do que suportar a ideia constante de alguém sobre nós afirmando que somos mentirosos, porque isso tem que ver com zonas centrais da personalidade.

Garcia-Rosa lembra que fluidez e tensão têm um alto grau de correspondência. A tensão ocorre quando um estado de um sistema tende a se igualar ao mesmo tipo de estado de sistemas vizinhos. A hipótese aqui defendida é a de que a persistência de um estado de tensão implica estabilidade dinâmica do sistema, e esta decorre da pouca fluidez do meio. Um meio muito rígido dificulta e impede a tendência de o sistema equilibrar-se com o sistema vizinho.

Garcia-Rosa lembra, ainda, que para Lewin existem duas maneiras de representar graus diferentes de fluidez:

A primeira é atribuindo-se às diferentes regiões [vontade e inteligência, por exemplo] consideradas totalidades, a característica qualitativa de maior ou menor mutabilidade. A segunda é atribuindo-se às fronteiras das regiões graus diferentes de solidez. A utilização de uma ou de outra representação dependerá do caso concreto apresentado. A maior fluidez de um campo pode ser determinada tanto pela quebra ou pelo enfraquecimento de suas barreiras quanto pela própria natureza das regiões como um todo. É mais fácil ocorrer uma locomoção no interior de uma região, cuja rigidez é determinada pela solidez de suas fronteiras, do que numa outra, cuja rigidez decorre de sua própria natureza interna.[41]

A noção de fluidez está ligada àquela de *elasticidade*, pela qual uma região modificada por alguma variável tende a retornar à sua posição ou ao seu estado anterior. A plasticidade que por sua vez inclui fluidez e elasticidade decorre da facilidade com que uma mudança relativamente durável e estável pode ocorrer na estrutura de uma região.

Todo sintoma é um sistema em estado de tensão porque, normalmente, a pessoa se coloca entre uma valência positiva e uma negativa. O sintoma é uma tentativa desesperada de vencer a fronteira, a morte e a vida, a saúde e a doença, e, quando não se consegue, a barreira torna-se mais rígida, ultrapassa a valência positiva e a pessoa abandona o campo. Tentará retornar, mas abandonará de vez o campo e o sintoma se instalará.

O estado de tensão é útil como um fenômeno a ser visto, observado, descrito e compreendido pelo terapeuta, mas, sobretudo, pelo cliente. É a tensão, nos mais diferentes níveis, que mantém a pessoa em terapia.

Diante dessas considerações, compete ao terapeuta ajudar o cliente a:

- entender que a persistência na tentativa de solucionar um problema passa pelo conhecimento de sua história e das razões de mudar, porque as ações à procura de solução são elas mesmas causadoras de tensão;
- ver-se como totalidade porque, do contrário, sua vontade de resolver o sintoma em si pode reforçar uma situação tanto

GESTALT-TERAPIA DE CURTA DURAÇÃO

boa quanto ruim na produção da tensão e fazer com que ele fique tempos falando da mesma coisa;

- compreender que, se de um lado a repetição aumenta a resistência na fronteira, de outro a tensão gerada pela repetição produz vontade de mudança e induz a novas motivações; e
- compreender que sempre que existir vantagem e desvantagem na situação (valência positiva e negativa), se não se superam as vantagens negativas, o conflito se instala, o campo se estrutura definitivamente e produz novos comportamentos em série.

As necessidades não satisfeitas afetam o sistema cognitivo da pessoa como um todo. A intensidade desse processo depende do grau de necessidade e da capacidade de fluir que a pessoa apresenta, porque a toda necessidade corresponde um nível de tensão. Satisfeita a necessidade, a tensão diminui e o organismo se autoequilibra, começa a fluir, pois a fluidez depende do grau de resistência que a pessoa coloca nas fronteiras de suas regiões internas ou externas.

5
Teoria organísmica holística

Não é novidade a tentativa de o homem ver o universo como uma grande totalidade. Não apenas um universo de partes diferenciadas de um sistema maior, mas de partes em íntima e completa interdependência.

Dentro e fora, corpo e mente, parte e todo, indivíduo e meio não deixam apenas de ser distinções acadêmicas, mas também deixam de ser apropriadas para significar e explicar a realidade.

Como salientou Andras Angyal, esta totalidade, que ele chamou de biosfera, não supõe nenhum tipo de atomismo; nela, indivíduo e meio não devem ser concebidos "como partes em interação, ou como constituintes que tenham existência independente, mas como aspectos de uma mesma realidade que só podem ser separados por abstração"[1].

Muitos autores não chegam a afirmar essa unicidade total no universo, embora concordem com a ideia central de ver o indivíduo como um todo unificado e em íntima interdependência com o meio que o cerca e o universo. *O inter e o intra deixam de ser apenas modos de se relacionar e passam a ser o modo como tudo se relaciona no universo.*

Estamos nas pegadas de Jan Smuts, filósofo da teoria organísmica com seu livro *Holism and evolution*, precursor de Andras Angyal, de Abraham Maslow, Precostt Feek e, sobretudo, de Kurt Goldstein (1878), que se tornou internacionalmente conhecido com seu livro *The organism* e o maior representante da teoria organísmica.

GESTALT-TERAPIA DE CURTA DURAÇÃO

Diferentemente de toda postura científica, que começa do mais simples para o mais complexo, no sentido de entender a organização animal e só daí partir para uma generalização, Goldstein iniciou suas experiências com o homem para só então entender o simples e o complexo, o baixo e o alto na escala da vida e até da evolução, embora não tenha se preocupado, diretamente, com a evolução.

Aqui acontece uma ruptura epistemológica no modo de conceber a realidade: é a totalidade que explica a parte, seja essa totalidade a do cosmos, de um dinossauro, de um homem, de uma ameba.

Supunha-se que a totalidade de uma ameba fosse mais simplesmente explicável do que a do organismo humano. Não é, no entanto, o número de partes que um objeto contém que o faz simples ou complexo, explicável ou não. É sua relação com a vida, isto é, o nascer e o manter-se vivo.

Existir é sair do nada e tornar-se presente, não importa em que nível. Existir para a ameba, o dinossauro, o homem é existir. À medida que participam do fenômeno da existência, são idênticos; como existentes são diferentes. Fenomenologicamente, entretanto, o existir para a ameba é mais complexo do que para o ser humano, homem, pois a verdade é que a ameba está tão próxima do não-ser quanto a pessoa humana.

Na realidade, Goldstein esbarra no *conceito de simplicidade*, pois mesmo na análise do comportamento humano é difícil reduzir o mais complexo ao mais simples. Ele afirma que falar de "simples" na escala da vida ou da evolução parece mais uma abstração que só se aplica a situações muito específicas. Afirma que os fenômenos ditos "mais simples" parecem ser mais obscuros. Parece, continua ele, que se quer distinguir entre percepção, sensação e reflexo como trilhas seguras entre a simplicidade ou a complexidade.

> Sensação e reflexão, embora supostamente sejam os mais simples elementos constituintes da percepção e ação, eles em si mesmos apresentam uma crescente e maior complexidade que a percepção e a ação. Estas dificuldades tornam suspeitas as tentativas de diferenciar os animais "mais altos" e "mais baixos", ou de entender os "mais altos" a partir dos "mais baixos".[2]

Chamar um elemento de "mais simples" refere-se ao fato de se pensar que se pode reduzi-lo a um ainda mais elementar. Pensa-se que um ser "mais simples" seja mais facilmente entendido na sua forma de ajustamento ao ambiente. Um protozoário é descrito como "mecanismo de simples reflexo".

Estamos, entretanto, seguros de que, fazendo assim, não terminamos olhando superficialmente a natureza desses seres? Eles podem até parecer tão "simples" para nós porque ao investigá-los os simplificamos artificialmente e vemos neles somente aquilo que é consistente com tal simplificação. Talvez por sua natureza parecer tão remota, isso torna impossível uma real compreensão deles, e a falência de nossos procedimentos não se torna necessariamente visível para nós. Talvez não tenhamos consciência de até que ponto nossos preconceitos terminem violentando os fatos que observamos e quão pouca razão temos de lidar com essas criaturas como simples. Para se dizer que um organismo é simples ou complexo temos de conhecer a natureza mesma do ser e também que tipo de demanda esta performance faz sobre a capacidade de um dado organismo.

"Portanto, o problema da simplicidade ou da complexidade nos leva de volta ao problema da descrição unívoca de uma verdadeira essência e da natureza intrínseca de um particular organismo."[3]

Não se pode, portanto, simplesmente transferir achados, descobertas de um campo a outro, nem simplesmente querer entender o animal com base no homem e o inverso, embora um possa, por vezes, lançar luz sobre o outro.

Goldstein continua colocando as razões filosóficas de sua pesquisa e afirma: "Eu não penso em um simples órgão como um sistema separado, com suas próprias funções, mas somente como uma parte integrada de um organismo inteiro".

Definir vida, portanto, significa definir comportamentos que a vida impõe e assim nossas definições se seguem às nossas observações e não as precedem.

Na verdade, estamos falando da natureza do ser humano. A natureza como algo inerente e decorrente da essência. Não explicamos uma coisa quando damos nome a ela, mas apenas quando ficam cla-

GESTALT-TERAPIA DE CURTA DURAÇÃO

ros os comportamentos por meio dos quais podemos definir o ser que deve ser apreendido.

Estamos diante dos conceitos de simplicidade e de complexidade. O que é mais simples? O que é mais complexo? São os relacionamentos que as coisas têm consigo mesmas para revelar sua própria essência e sua relação com os outros seres, que falam ou não de "simples" ou "complexo"?

Um ser simples, uma ameba, pode conter um grau de complexidade muitíssimo maior do que um ser, aparente e sistemicamente, mais complexo, o homem.

Essa fala sobre a simplicidade e a complexidade dos seres, das coisas, das ideias, sobre o tempo de um dinossauro ou de uma ameba, nos remete à questão do valor interno de certos procedimentos da terapia breve ou longa, no que diz respeito ao modo de conduzi-la e à sua eficácia de acordo com sua duração. Estamos nos referindo, especificamente, à questão do tempo como fator de complexidade das coisas. Com certeza, não é o tempo que define essa complexidade.

Em definitivo, não se pode dizer que uma forma de psicoterapia é mais simples e outra mais complexa, com base em elementos isolados que as fundamentam e sobre os quais elas se desenvolvem, sobretudo a questão do tempo. Elas simplesmente são. Essencialmente, são diferentes e têm de ser pensadas por parâmetros diferentes, ou seja, pelo parâmetro da totalidade dentro do qual devem ser vistas.

Para entender um sintoma temos de entender a vida, a existência de quem as vive, porque somente a vida contém a essência do sentimento existencial de cada um.

Se as pessoas não captam, não entendem o sentido que estão dando à sua vida, também estarão impotentes diante da simplicidade ou da complexibilidade de seus sintomas. A função de toda psicoterapia é conectar a pessoa com o sentido de sua própria vida, e isso é função de ampliação de consciência e não apenas de duração do tempo.

Não se pode falar de vida sem antes indagá-la profundamente. Só na razão em que o sentido da vida se revela é que podemos, de fato, falar dela.

Psicoterapia é isto: encontrar o sentido da vida, exatamente como ela é – apreendê-la nas suas peculiaridades, reconhecê-la, diferenciá--la, conhecê-la na sua relação total com o mundo, entendê-la como ela se constrói com base em fatos.

Caraterísticas gerais

Goldstein desenvolve longamente também a questão dos instintos ou impulsos próprios do ser humano como formas de compensar certa patologia por intermédio da qual se pode, muitas vezes, obter mais dados para se conhecer o caminho da saúde do que o contrário.

Instintos

Ele se detém mais longamente em três:

1. Impulso ou instinto como relaxamento da tensão

"A pessoa doente tem a tendência de evitar reações catastróficas, porque estas são muito mais perigosas para ela do que para uma pessoa normal."[4]

Uma vez que ela não pode suportá-las, tenta impedi-las. As reações catastróficas ocorrem, sobretudo, quando existe alto nível de tensão em qualquer campo e o processo de equalização (processo pelo qual o organismo se autonutre constantemente, distribuindo energia por todo o organismo) se encontra perturbado. Todo organismo doente tende naturalmente a remover tensões anormais, porque é governado pelo impulso de aliviar e descarregar tensão, levando-o a um estado de não tensão.

A tensão é uma energia desordenada, que ocorre quando a pessoa, compreendendo que não pode mais lidar com uma exigência de um problema em situação insuperável, reage com uma esmagadora ansiedade ou pânico. Goldstein afirma que tal situação é um fenômeno de choque do organismo como um todo e esse estado põe em perigo sua continuidade como sistema, resultando numa saída da ordem em face de uma deficiência de um resultado.

GESTALT-TERAPIA DE CURTA DURAÇÃO

Tal fato envolve sempre um prejuízo cognitivo e afetivo. O prejuízo e o dano a esses sistemas causam inabilidade para funcionar, e a pessoa passa a usar pensamentos abstratos. Então, ela se engaja prioritariamente nesse processo como forma de fugir de soluções ameaçadoras imediatas.

O processo psicoterapêutico deve, portanto, permitir à pessoa retornar ao equilíbrio cognitivo-abstrato-concreto como caminho natural para a solução do problema porque, em alto nível de ansiedade, por medo de um desastre mental ou físico maior, a pessoa passa a não pensar e tenta agir somente com a finalidade explícita de solucionar o problema imediato. O pensamento não consegue ir além daquela ação-meio.

Por isso, o terapeuta poderá ajudar o cliente a:

- explorar ao máximo seu desejo e sua capacidade de mudança, considerando a tendência natural do organismo doente de livrar-se da tensão por meio de um novo processo de equalização;
- entender que o sintoma é um sistema de energia em estado de tensão, de ansiedade e até de pânico, e que esse processo tende a se organizar na razão em que ele imagina não poder superar a situação; e
- sentir, de fato, a necessidade de livrar-se do sintoma, porque a tensão prejudica, cognitiva e emocionalmente, causando inabilidade para funcionar, obrigando-o a refugiar-se em soluções abstratas.

Por outro lado, Goldstein chega a falar em pessoas que "têm prazer em manter o estado de tensão". É como se, saindo do estado de tensão, a pessoa perdesse o controle de si mesma e pudesse ser tragada pelo mundo exterior. Ela sente como se não tivesse vontade. O mundo é um monstro que a rodeia. O estado de tensão fornece-lhe a possibilidade imaginária de não ser pega de surpresa; e isso, de algum modo, a tranquiliza.

A tendência para não descarregar alguma tensão é, com certeza, uma expressão de um organismo defeituoso ou doente. Esse é o único recurso do organismo doente para se atualizar, ainda que de maneira imperfeita. Esse estado só é possível com a ajuda de outros organismos. Devemos recordar o que dissemos a respeito da vida de um organismo doente, em sua inteira existência, que ele depende de outros organismos. Isso mostra claramente que a vida, sob certas condições, não é normal, e uma mera descarga ou afrouxamento de tensões não podem ser características da vida normal.[5]

De fato, Goldstein insiste em que a primeira finalidade do impulso não é a de descarregar a tensão, de reduzir a ansiedade, mas de se movimentar na direção de conseguir prazer. Ele afirma que as pessoas normais procuram os desafios do ambiente como parte da alegria de conquistar, pois o homem é levado mais pelo prazer que pela tensão.

Por isso, o terapeuta poderá ajudar o cliente a:

- compreender que descarregar a tensão e reduzir a ansiedade são apenas paliativos, porque a primeira finalidade do instinto ou impulso não é reduzir a tensão, mas produzir prazer. É o prazer que deve ser buscado. Pessoas neuróticas lidam mal com o prazer; e
- saborear os pequeninos desafios como parte do processo de conquistas, pois se conquista mais quando se está com prazer do que em tensão.

A proposta da psicoterapia não poderia ser outra senão a de levar as pessoas a descobrir e a gerar fontes de prazer, pois o prazer é o caminho natural para manter o autoequilíbrio organísmico e é aí que a energia se revela na sua forma mais pura.

2. O impulso para autopreservação

"A tendência básica do organismo é utilizar capacidades preservadas da melhor forma possível, considerada em relação à natureza normal em um determinado organismo."[6]

Goldstein afirma que mesmo os organismos anormais são governados por esse impulso.

GESTALT-TERAPIA DE CURTA DURAÇÃO

Pode-se dizer que um organismo é governado pela tendência de atualizar, quanto possível, sua capacidade individual, sua "natureza" neste universo. Goldstein chama essa tendência de "constituição psicossomática".

"Esta tendência para atualizar a si próprio é o único impulso pelo qual a vida do organismo é determinada."[7]

Goldstein afirma que o Espaço Vital do paciente é determinado por dois princípios: 1. ele é impulsionado a utilizar suas capacidades preservadas do melhor modo possível; e 2. ele é impulsionado (impelido) a manter certo estado de vida e não ser perturbado nessa condição.

Viver e crescer supõem, portanto, dois tipos de atividade: ir e ficar (não somente ir), gastar e economizar (não somente gastar), agir e descansar (não somente agir).

Para o doente, a forma de autoatualização é manter-se no estado de existente, ou seja, não perder a perspectiva do tempo e do espaço, conservar viva sua capacidade de espera, de escolha, de ser responsável e de ver-se e sentir-se no mundo como um ser de relação.

3. Autoatualização: único instinto

É por uma visão do corpo, do organismo como um todo, que Goldstein chega ao instinto de autoatualização, o qual, diz ele, é baseado no modelo causa-efeito da resposta visceral.

Ele vê o organismo funcionando como uma unidade e batalhando por sua unidade; vê o comportamento como resultado de uma atividade unificada do organismo.

A doença, pois, é uma desagregação dessa unidade, é algo que caminha na direção oposta ao instinto de autoatualização. Assim, o processo de cura deve facilitar, a todo custo, ações que ajudem no retorno a essa unidade funcional.

"Comportamento normal corresponde a uma contínua mudança de tensão, de tal modo que, repetidamente, aquele estado de tensão é encontrado, o qual capacita e impede o organismo de atualizar-se em atividades posteriores, de acordo com sua natureza."[8]

Goldstein continua dizendo que sua experiência com seus clientes o levou a afirmar que existe apenas um instinto, o instinto de autorrealização, e que a finalidade do instinto não é a descarga de tensão. Ele diz que, embora várias ações assumam uma posição de figura e que pareçam dirigidas a diferentes finalidades, isso pertence à própria natureza do organismo. São processos instrumentais necessários para que a autorrealização do organismo ocorra.

E ainda chama a atenção para a natureza do instinto. Será que o instinto é uma coisa em si, ou ele é fruto da tentativa de autoatualização de todo organismo? A criança, por exemplo, não mama só por uma questão de relaxar uma tensão. Seu impulso de mamar é de autoatualização e envolve todo o organismo. Não é só a fome que perturba determinado órgão; a fome perturba todo o organismo e aí tudo pode acontecer. E porque essas condições, diz Goldstein, nem sempre são preenchidas, mesmo em situações normais, o organismo pode, muitas vezes, parecer governado, temporariamente, por uma especial tendência.

> Nesses casos, nós temos de lidar não com uma situação normal, mas com uma situação emergencial, o que dá a impressão de um instinto especial, isolado. Isto é especialmente verdadeiro, quando o organismo não consegue atualizar uma ou mais de suas potencialidades em um tempo anormalmente longo, como se a recepção de alimento faltasse por um longo tempo.[9]

Quando não encontra a solução desejada, o organismo apela, faz de tudo, mas essa apelação não pode explicar sua vida normal. Esses comportamentos de urgência não podem explicar o comportamento normal.

De certo modo, Goldstein rejeita a teoria de múltiplos instintos porque, ele afirma: "a teoria dos instintos separados jamais poderá compreender o comportamento normal sem colocar um outro agente, o qual toma a decisão numa batalha entre os diferentes instintos"[10].

Essa visão tem uma influência direta na questão da natureza do processo em psicoterapia, pelas possibilidades de opções que ela

GESTALT-TERAPIA DE CURTA DURAÇÃO

abre, com base em uma visão de múltiplos instintos ou de um único instinto como processo de mudança. A natureza não briga consigo mesma, ela foi feita para atualizar-se permanentemente. Essas reflexões podem assinalar como função do terapeuta ajudar o cliente a:

- descobrir suas partes mais preservadas, pois é da natureza do organismo a tendência em atualizar suas capacidades individuais;
- ver-se como uma unidade funcional, a entender que todo o organismo funciona como uma unidade e que a doença é a desagregação dessa unidade;
- perceber que o sintoma, a doença são produtos da impossibilidade de o organismo encontrar a solução desejada e, portanto, o sintoma como um comportamento de emergência será sempre uma solução provisória, não explicando o comportamento normal; e
- crer, a ter fé nas possibilidades organísmicas de sua vida, na autorregulação eu-mundo.

A concepção da existência de um único instinto, aquele da autoatualização, significa que o organismo está permanentemente entre potência e ato, e que temos de pensar e agir sempre na linha dessa correlação essencial, isto é, não existe ato sem potência, nem potência sem ato. Significa que o organismo está em potência de se atualizar a todo instante e que isto lhe é natural, competindo à pessoa, ao processo psicoterapêutico, atualizar essa potência pelo reconhecimento das necessidades básicas da pessoa.

Este processo também é natural ao organismo porque, se é natural estar em potência de atualizar-se, também é natural ao organismo atualizar suas potências a todo instante. Do contrário, estaremos diante do princípio de contradição como prática existencial, o que seria um absurdo.

Segundo esse ponto de vista, estamos diante de uma proposta de prática psicoterapêutica centrada no movimento do organismo que, por sua natureza, tende a atualizar-se e ser sadio. A função da psicoterapia é descobrir esses caminhos que o corpo nos sugere na sua equilibração. Estamos saindo do conceito de tempo ou de duração do tempo, como determinantes da natureza da prática psicoterapêutica, para um conceito de espontaneidade sempre que o organismo se encontre diante de suas verdadeiras possibilidades. É como se ele não pudesse se autoatualizar, porque atualizar-se é um instinto seu, um impulso natural, que procede da natureza do organismo como totalidade dinâmica. Pensar em instintos separados é pensar abstratamente e é quebrar a natureza da totalidade na qual o organismo existe; é tornar ininteligível o modo como o organismo funciona. Todos esses impulsos são caminhos, são fenômenos, como sexo e poder, e não podem ser entendidos isoladamente, e, sim, como atividades do organismo como um todo. Só podemos considerá-los nesta perspectiva. Os instintos são tendências, são atividades do organismo em dado momento.

Freud fala de quatro instintos clássicos: sexo, agressividade, fome e sede. Devemos, no entanto, chamá-los antes de necessidades do que instintos do organismo. Quando essas necessidades procuram ser satisfeitas, podemos dizer que o organismo está se autorregulando.

> Em numerosas repetições não estamos diante de uma manifestação de instintos sem sentido a repetir-se, mas lidando com uma tendência ao fechamento e à perfeição. A força do instinto é dada na experiência da imperfeição, seja sede, fome, seja experiência de ser inábil para realizar alguma tarefa. Parece estar dentro de nossas capacidades uma finalidade de realizar uma tarefa. *Quanto mais perto estamos da perfeição tanto mais forte é a necessidade de realizá-la.*[11]

Essa urgência pela perfeição termina produzindo outros instrumentos que, por sua vez, também nos impulsionam a encontrar sempre novos caminhos, que funcionam como instrumentos mecânicos e possibilitam a perfeição em outros campos. *Assim o desejo de perfeição produz perfeição, e esse é um processo contínuo.* O homem, de fato, lida mal com o incompleto, com o inacabado, com o imperfeito. Goldstein explica que esse processo não é uma abstração.

GESTALT-TERAPIA DE CURTA DURAÇÃO

Ninguém duvida de que o desenvolvimento de mecanismos é baseado em disposições inatas correspondentes à natureza de organismos e em capacidades inatas que se desenvolvem com a maturação. O desenvolvimento do mecanismo ocorre durante o processo do organismo de se preparar, de chegar a um acordo com o mundo exterior, por causa da tendência do impulso de autoatualização. Se falta o impulso, o desenvolvimento dessas capacidades inatas retarda ou se perde.[12]

"É uma tendência natural, algo que decorre da própria essência, atualizar-se no mundo e por meio dele. Goldstein chama essa tendência de constituição psicossomática. Ele afirma a natureza biossocial de todos os instintos e deixa de lado a questão biopsicológica."[13] Ele privilegia a relação eu-mundo mais do que uma relação eu-eu. Os instintos são instrumentos internos para se organizar no mundo e por intermédio dele.

Todo esse movimento de hábitos, de mecanismos faz surgir no organismo o impulso para o agir. Eles se transformam em instrumentos de realização e tornam o processo de autoatualização mais viável, mas é importante que eles existam e que funcionem de maneira adequada. Complementar-se passa a ser um desejo, uma exigência da própria natureza.

Lembramos que as forças da cultura, dos costumes e dos símbolos conseguem desviar o organismo de sua destinação natural, e o indivíduo pode não se aperceber disso.

Se essa emancipação, contudo, chega a um grau em que esses mecanismos se tornam praticamente separados da personalidade, então temos de lidar com condições já patológicas, com sequelas de um centro doentio do organismo.

Sintomas

Goldstein dedicou grande parte de sua vida ao estudo sobre compensação dos sintomas e padrões de comportamento como expressão de uma totalidade. É preciso ver o sintoma não apenas como expressão de uma mudança, mas como uma diferenciação de compromisso, uma tentativa de ajustamento.

Falando da linguagem do sintoma, ele distingue quatro grupos de sintomas. Essa distinção é válida para qualquer distúrbio de personalidade.

1. Sintomas diretos

São aqueles que resultam de uma desintegração sistemática da função envolvida. Goldstein chama este processo de dediferenciação, porque representa uma involução do organismo. Comparando-o à sua condição anterior, menos diferenciada, o organismo estava mais inteiro.

Apesar de o teórico estar falando de pacientes com lesão cerebral, acredito que os efeitos dos chamados "sintomas diretos" são, analogicamente, os mesmos de outras "lesões" da mente humana.

Goldstein apresenta, nesses casos, algumas sequelas, tais como: 1. a pessoa passa a responder mais lentamente a um estímulo; 2. a pessoa fica mais propensa às distrações, a não estar inteira nas coisas; 3. a pessoa não distingue nitidamente os contornos entre figura e fundo, ou seja, passa a ter dificuldade de discriminar os objetos à sua volta; e 4. a pessoa lida mal com as operações abstratas, retrocede a uma atitude concreta mais primitiva na qual se encontrava e não vai além das características particulares dos objetos concretos.

Exemplo de "sintomas diretos" mentais: uma pessoa que tem ou teve um câncer e, a partir daí, desenvolve uma série de sintomas diretamente "ligados" ao processo de evolução, no caso, à doença, como: depressão, perda da imagem corporal etc. (Esses exemplos são analógicos, pois Goldstein está falando de sintomas ligados à lesão cerebral.)

Não é difícil observar que uma pessoa com esse tipo de trauma afetivo-emocional poderá passar a exibir exatamente as mesmas quatro características acima descritas produzidas por um lesado cerebral.

Nesse caso de sintomas diretos, é fundamental que o terapeuta:

- desenvolva na pessoa uma racionalidade a respeito do gasto de energia que provém do sintoma em si e da energia que emana do efeito secundário da doença; e

GESTALT-TERAPIA DE CURTA DURAÇÃO

- ajude a pessoa a perceber que a cura de um sintoma é mais fácil quando se lida diretamente com ele do que quando, por causa dele, a pessoa começa a criar sintomas que serão os culpados pelo sintoma principal.

2. Sintomas indiretos ou dependentes

Ocorrem quando uma área cerebral não lesada se isola de uma área lesada com a qual esteve estreitamente associada. Trata-se aqui de um fenômeno de isolamento e não de dediferenciação, embora nesses casos o aparecimento do "sintoma indireto" "dependa de uma modificação geral do organismo total ou, ao menos, de uma mudança de áreas extensas do campo cortical, mais do que de lesões estreitamente circunscritas".

Goldstein dá o exemplo de alguém que fica completamente cego, ou seja, uma lesão completa em uma unidade funcional. A falta da visão irá provocar uma série de problemas para o organismo como um todo, mas principalmente para os outros sentidos que, a partir desse momento, deverão funcionar com o máximo de eficiência para suprir a parte lesada.

O mesmo se poderá dizer psicologicamente no caso de alguém que teve lesada, por completo, sua "unidade funcional" de autoestima. Tal fato irá perturbar o funcionamento de seu organismo como um todo e, ao mesmo tempo, desencadeará mecanismos como agressividade, autocompensação e outros para tornar tolerável a perda de sua autoestima.

Diferentemente dos "sintomas diretos", nos quais a lesão do órgão foi uma questão de comprometimento com outros órgãos, ou seja, o sintoma decorrente nasce do principal; no caso do "sintoma indireto", os decorrentes aparecem por conta própria. Os sintomas decorrentes são de natureza diversa do sintoma que os provocou. Talvez se possa dizer que o sintoma direto é causado diretamente por uma ferida anterior, e que os sintomas indiretos são ocasionados pela ferida anterior. Ou seja, eles não são causados e sim provocados, não existindo, portanto, uma relação direta de causalidade e, sim, de oportunidade entre a ferida anterior e seu efeito consecutivo.

127

O efeito dos dois sintomas pode ser o mesmo, mas a dinâmica de sua produção é diferente.

Nesse caso, competirá ao terapeuta ajudar o cliente a compreender:

- a falácia do segundo sintoma, embora possamos entender que a perda da visão, por exemplo, altere toda a estrutura anterior do comportamento; e
- que a produção dessa segunda classe de sintoma não melhora a dor da perda da visão, mas, ao contrário, piora, porque é uma energia substitutiva de um comportamento anterior camuflado que, por não encontrar a porta de saída, agora está saindo pela porta errada.

3. Sintomas decorrentes das condições traumáticas e/ou dos mecanismos contra o trauma

Estes surgem da tendência de o organismo evitar o fracasso. Aparece então o trauma, que se mantém como solução provisória de um problema mais sério.

O sintoma é, por natureza, flutuante. Embora ele se mantenha com um fundo estável, surge aqui e acolá com formas diferentes. O sintoma é como um medidor das possibilidades do indivíduo. Diante da possibilidade de fracasso, ele se acentua; diante da possibilidade de sucesso, ele se esconde, faz de conta que não existe para permitir ao indivíduo funcionar mais livremente.

O sintoma pode criar uma situação de rotina, que leva o indivíduo a recolher-se pelo medo do fracasso, ainda quando, objetivamente, ele tem condições de sucesso.

Poderíamos falar de *sintoma preventivo ou sintoma como resposta, como saída.* De fato, a situação não existe objetivamente, mas, pelos movimentos introjetivos e projetivos, a pessoa cria comportamentos de fuga, de não enfrentamento do risco porque *a priori* pressupõe que algo desagradável possa acontecer e com o qual não saberá lidar. Por exemplo, uma pessoa baixinha está sempre numa postura agressiva ou de fuga para evitar que seu tamanho seja nota-

GESTALT-TERAPIA DE CURTA DURAÇÃO

do e lhe cause algum fracasso. Nesse caso, o comportamento passa a ser um sintoma resultante de um "defeito".

Uma vez me contaram uma história de um cão que gemia, uivava de dor, sempre na mesma posição, em um canto externo do jardim.

As pessoas passavam, se condoíam dele e perguntavam:

– O que ele tem?

– Ele está sentado em cima de um prego.

– E por que ele não se levanta?

– Porque ele ainda não está preparado.

Enquanto o cão estiver ali, ele terá a atenção das pessoas. Ele existe, ainda que por meio da dor. Ele não sabe se, saindo dali, sua situação estará melhor. Por isso, por medo do fracasso, prefere continuar numa condição de dor, mas conhecida por ele. Ele se acomoda ao sintoma, como prevenção de um mal pior. A certeza de uma dor certa é menos dolorosa para ele do que a incerteza da felicidade, do risco que ele não quer correr, deixando o prego.

Na realidade, sair de cima do prego não é uma decisão fácil, pois o futuro nos persegue, às vezes, mais do que as lembranças do passado.

Em situações como essa, o terapeuta deverá ajudar o cliente a:

- sentir-se realmente "no prego", a ver tudo o que aquela situação significa para ele em relação à perda de oportunidades e de vida;
- perceber que o aqui-e-agora não é apenas cronológico, mas existencial e nada lhe garante que continuar "no prego" é a melhor opção; e
- perceber que a continuidade do sintoma reforça ainda mais seu mal-estar e diminui, cada vez mais, sua força de mudança, porque pela lei da contiguidade, o sintoma tende a alastrar-se para outras áreas.

4. Sintoma resultante da fadiga e da perseverança

Talvez pudéssemos inverter a afirmação: perseverança no sintoma como fadiga pelo cansaço de querer mudar algo e não conseguir. As pessoas se cansam por dois motivos: primeiro, porque o trabalho é de fato exaustivo e, segundo, porque a pessoa considera *a priori* o trabalho como excedendo sua capacidade de realização, e, nesse caso, a fadiga funciona como algo que evita a tensão. A perseverança ocorre quando a pessoa sente que é capaz de executar a tarefa proposta e, nesse caso, a permanência na perseverança lhe dá a sensação de competência e, consequentemente, de alívio da tensão.[14]

O sintoma tem a função primordial de ocultar a verdade subjetiva e de formar uma situação de compromisso entre o real e a fantasia, permitindo à pessoa encontrar um equilíbrio precário que, ao menos naquele momento, lhe dá a sensação de segurança.

Isso se aplica também ao sintoma físico, como uma dor de cabeça. A dor é produto de uma tensão, de uma emoção ou sensação que, por sua natureza, não deveriam produzir dor, mas alívio, se sua causa fosse confrontada com a verdade objetiva. Aplica-se ao sintoma mental quando alguém fica ansioso diante do pai tranquilo e sereno. De fato, objetivamente, o pai não é produtor de ansiedade, mas sim a relação de causalidade entre a realidade do pai e a fantasia que se faz dele.

Fica claro, na visão organísmica de Goldstein, que o sintoma só se torna compreensível quando é colocado sob a luz da totalidade, e as relações entre sintoma e comportamento só são apreendidas à medida que se destinguem figura e fundo como processos que revelam a natureza da relação subjetiva entre ser e agir. O organismo funciona como uma unidade integrada, sistêmica, e qualquer sintoma deve ser considerado parte desse processo, como algo que emana dessa totalidade e é produzido por ela.

O processo de cura passa necessariamente por uma ação de totalidade. *É a totalidade que adoece, embora não totalmente. O sintoma é apenas o grito de uma região mais frágil nessa totalidade.* A totalidade da pessoa será sempre o fundo, objeto cuidadoso de nosso estudo, à procura de uma possível intuição primária. O sintoma-figura que está sob nossa observação é o ponto inicial de nosso trabalho. O

GESTALT-TERAPIA DE CURTA DURAÇÃO

sintoma exposto é, de fato, o processo que nos permitirá encontrar a verdadeira relação entre o sujeito e o objeto nesse particular.

Conhecer a natureza do sintoma é fundamental para estabelecer o tipo de tratamento ou de psicoterapia. O sintoma é sempre uma linguagem corporal ou psíquica. Dissemos, anteriormente, que muitos sintomas de danos físicos ou mentais são resultantes de um defeito. O comportamento surge como uma tentativa de ajustamento às situações de difícil manipulação. Na questão dos lesados cerebrais, como afirma Goldstein, podemos afirmar também que o sintoma mental tem com frequência caráter compensatório, por meio do qual se entra em contato com o mundo da maneira menos traumática possível.

"Goldstein observa que o organismo é muito flexível e muito depressa se adapta a qualquer dano localizado, à medida que a pessoa sente que pode estar de acordo com seu novo meio e não é removida de seu equilíbrio por pressões indevidas do meio externo."[15]

Tanto física quanto psiquicamente, as compensações, em geral, são feitas de maneira inconsciente. O corpo sabe suas dores e opressões; a mente sabe suas angústias, e ambos se mantêm numa infinita comunhão de energias para produzir um ser vivo, uma pessoa presente, atuante e integrada. Atrás dessas forças compensatórias se encontra todo um processo de motivação. É mais fácil e prazeroso mudar em um ambiente no qual o incentivo resulta claro e visível.

Afinal, diz Goldstein, o amor não é senão o desejo e a caça pela unidade.[16] A neurose parece ser um distanciamento momentâneo desse sentido do amor a si mesmo. É como se eu perdesse a capacidade de amor por mim mesmo e me centrasse no mundo fora de mim. Esqueço minhas potencialidades e fixo minha atenção no mundo, de onde vem o possível inimigo. A finalidade precípua de qualquer psicoterapia é ajudar a pessoa a retornar a si mesma pela estrada natural do amor, mais do que eliminar sintomas.

Evoluindo no pensamento holístico, Goldstein chama a atenção para a questão das reações primárias e secundárias de um defeito. Conhecer essa relação é fundamental para se estabelecer o tratamento ou a psicoterapia.

A dificuldade de respirar em um asmático, por exemplo, é uma reação primária. Entretanto, o medo de sair para uma caminhada é uma reação secundária. Em ambos os casos, a asma é a figura, mas o tratamento será completamente diferente dependendo do que se quer debelar, se a reação primária ou a secundária. Com os sintomas psíquicos a situação é idêntica. Estamos falando do que são figura e fundo em um sintoma. Um leva ao outro; um não existe sem o outro. Teoricamente, só a análise do conhecimento do sintoma e da personalidade como um todo determinará por onde o processo deve começar.

A análise cuidadosa da natureza do sintoma levará a um conhecimento mais adequado de como a pessoa funciona. Estamos nos referindo mais à qualidade do que à quantidade do sintoma e suas manifestações.

Outra área, sempre dentro da questão sintoma-diagnóstico, vastamente estudada por Goldstein, é a questão da polaridade dos comportamentos abstrato e concreto em pessoas com lesões do lobo frontal, cujas sequelas ele indica como tendo as seguintes características:

1. o paciente é incapaz de separar o mundo externo da experiência interna; 2. não consegue se organizar para fazer algo de forma proposital e consciente; 3. não possui sentido das relações espaciais; 4. não consegue mudar de uma tarefa para outra; 5. é incapaz de reter uma discriminação na mente por muito tempo; 6. carece de habilidade para reagir diante de um conjunto, para separá-lo novamente; 7. não pode, igualmente, abstrair as propriedades comuns de uma série de objetos, nem formar relações do todo com as partes; 8. é incapaz de planejar, de levar em conta a probabilidade de que algo ocorra no futuro ou de pensar em termos simbólicos.[17]

Esses sintomas decorrentes de uma lesão cerebral são extremamente semelhantes aos de uma pessoa com alto nível de tensão, de angústia ou depressão, quando existe considerável perda da capacidade de raciocínio ou dificuldade de ampliação dos níveis de consciência. Tal semelhança nos remete, mais uma vez, à questão do comportamento como decorrente de uma totalidade ou da necessidade de se ver a pessoa, a personalidade, como unidade integrada de sistemas em íntima e total inter e intradependência, o que, por sua vez, termina por remeter o psicoterapeuta à procura de uma vasta gama de possibilidades de diagnóstico e de ação terapêutica. Ou seja, o órgão lesado é um só, por hipótese, mas o organismo, atendendo a uma determinação intrínseca de sua natureza, responde apresentando sintomas que aparentemente nada têm que ver com o órgão lesado.

Se o sintoma é uma tarefa do organismo e tem uma tarefa a cumprir, a psicoterapia deverá ter como tarefa criar novas possibilidades que modifiquem o sintoma, tirando-lhe sua aparente estabilidade.

Processos básicos

O sintoma é sempre um comportamento organísmico. A relação entre sintoma e comportamento, vistos como figura e fundo na relação um com o outro, levou Goldstein a falar de três conceitos básicos como dinâmica específica do comportamento.

1. Processo de equalização ou centragem do organismo

A *equalização* é um movimento do organismo no sentido de provê-lo de uma energia constante e que se distribui uniformemente pelo organismo. Essa energia representa um estado de tensão normal ao qual o organismo tende a retornar sempre que a tensão se altera, ou seja, o organismo tende à equalização.

Quando tem fome, a pessoa procura comer; quando tem sede, procura água; quando está cansada, procura descansar. Estes são exemplos do processo de equalização.

Já o processo pelo qual o organismo procura não só descarregar a tensão, mas distribuí-la, realizando uma tarefa em competição harmônica com o ambiente, chama-se *centragem*. A função primária da equalização é repor as energias, é devolver ao organismo sua vitalidade gasta no processo de estar vivo e, fazendo isso, dar consistência, coerência e ordenação ao organismo, que convive com estímulos intervenientes nesse processo. Normalmente, se o ambiente é adequado, esses processos tendem a se manter em equilíbrio, resultando em maturação do indivíduo, o qual, com o passar dos anos, tende a se tornar menos sensível ou sujeito a mudanças.

Quanto à função da centragem, comparada à da equalização, talvez possamos dizer que ambas tenham a mesma responsabilidade organísmica, porém: a equalização é um processo para dentro, mais interno; ao passo que a centragem é um processo para fora, tem uma função de busca, de ir ao encontro do mundo e, portanto, não tem uma função de reposição. O corpo é curioso, ele tem a função de ir em busca do que é bom para ele, além da cotidianidade do processo de equalização, e isso ele faz por meio da centragem.

2. Autorrealização

É a razão pela qual o organismo existe. É o único instinto que move o organismo. É um processo no qual a tendência criativa do organismo se realiza, se plenifica. É um princípio orgânico por intermédio do qual o organismo se realiza plenamente. Sexo, fome, curiosidade, desejo de poder, aprender são expressões fluentes desse princípio renovador das estruturas originais do organismo.

Autorrealizar-se é viver. Os motivos que movem as pessoas dependem de suas potencialidades, de suas necessidades, de seu desejo de crescer numa cultura, em dado momento. Goldstein afirma que as preferências de uma pessoa são função de suas potencialidades, e para conhecê-las é importante saber de que as pessoas gostam, o que elas preferem fazer e realizam melhor. Conhecer esses movimentos significa conhecer uma pessoa e em que direção está andando ou deseja andar.

A finalidade primordial desse instinto não é, portanto, relaxar ou descarregar a tensão, mas a perpetuação de um processo cíclico, de uma atividade que se repete por si só e cujo resultado é a alegria da conquista, algo como uma maestria do controle total da existência, como uma permissão permanentemente atualizada da posse e do poder de si mesmo e sobre si mesmo.[18]

Esse processo representa a antítese da autoabsorção e da autoalienação narcisista. Nascido para levar em consideração o respeito, a apreciação, o verdadeiro poder e a potencialidade de cada um, o homem, por intermédio da autoatualização, está direcionado para um respeito livremente dado a todas as outras coisas.[19]

Isso significa que toda ação humana deve levar em conta a relação eu-mundo, e a pessoa se encontra ou se re-encontra à medida que, de fato, se encontra com o mundo fora dela.

3. Pôr-se em acordo com o meio ambiente

Goldstein privilegia os determinantes externos do comportamento e o princípio de que o organismo sempre encontra o ambiente mais propício para sua autorrealização. Afirma, no entanto, que o meio também exerce considerável influência sobre o organismo, ora lhe fornecendo meios mais adequados à sua autorrealização, ora causando empecilhos à plena realização do organismo. Organismo e ambiente têm de estar em paz, em acordo de boa vizinhança, pois o ambiente está disponível tanto para fornecer a nutrição de que o organismo necessita quanto também para lhe causar transtornos, quando o organismo funciona numa posição extremista de inadequada convivência.

Essa convivência, porém, não é de maneira alguma pacífica, pois a influência do meio sobre o organismo é infinitamente maior do que a do organismo sobre o ambiente. O organismo deve sobrepor-se ao meio, não por ansiedade ou medo, mas pelo prazer da conquista; por isso, ele precisa dos processos de equalização e centragem. Essa ideia de conquista é muito cara a Goldstein. Ele afirma que, nessa luta, se o organismo não consegue vitória sobre o ambiente, terá de ajustar-se à realidade, pagando um alto preço pela sobrevivência, tendo de limitar suas aspirações e diminuir sua qualidade de vida.

O sintoma é a evidenciação de uma derrota em andamento no organismo, de uma falência do acordo pessoa-meio como fatores nutritivos do organismo. O sintoma é a superação negativa e momentânea dos processos de centragem e equalização.

Esses três princípios servem de roteiro para nos orientar no processo psicoterapêutico. Apontam caminhos para um diagnóstico, para um plano de trabalho sempre que estamos diante de alguém com problemas, e nos ajudam a ler os sintomas e a descobrir os processos que encerram. São reveladores dos limites que o meio impõe ao organismo, das barreiras que o organismo encontra na sua luta pela equalização, que é o caminho natural para a autorrealização.

É tarefa difícil operacionalizar princípios que funcionam como variáveis existenciais e, no entanto, fornecem elementos com os quais o terapeuta poderá agir mais claramente ajudando o cliente a:

- ver-se como unidade consistente e não como algo fragmentado, perdido, sem rumo;
- compreender que o organismo como um todo tende o tempo todo a equilibrar-se, a prover-se de energia tirada do ambiente e dele próprio, procurando, instintivamente, autoequilibrar-se;
- entender que o sintoma, apesar de ser uma tentativa provisória de equilibração, é um processo corrosivo do comportamento, e que o instinto do organismo é viver. A única proibição é a permanência desnecessária na dor, pois o prazer é a nutrição de que o organismo necessita, ao passo que a dor é apenas um mal necessário, um grito desesperado de pedido de socorro;
- entender que o organismo foi feito para autorrealizar-se; é vivenciando essa tendência criativa que o organismo se plenifica, e o sintoma é a negação camuflada do medo da realidade;
- entender que o sintoma é uma tentativa de afastar a pessoa de sua procura mais verdadeira e do encontro com o ambiente mais nutridor, e a verdade do sintoma desaparece sempre que a pessoa se confronta com a própria verdade;
- experienciar que a fluidez do organismo passa pela crença da continuidade no poder da relação corpo-mente-ambiente, no sentido de mostrar à pessoa como uma energia de mudança está sempre disponível dentro dela; e

GESTALT-TERAPIA DE CURTA DURAÇÃO

- experienciar que é da natureza do organismo repor suas energias, bem como arriscar-se na busca de uma realidade mais plena, e por isso ele pode tentar se soltar mais à procura de uma alimentação mais nutritiva.

A teoria organísmica holística está mesmo no coração do movimento gestaltista. A riqueza do processo psicoterapêutico parte da crença nessa totalidade fenomenológica e profundamente reguladora. É a pessoa que deve ser tratada. Ela, por inteiro, por intermédio de seu campo total, biopsicossocioespiritual, deve ser convidada a entrar no estado de psicoterapia, em que tudo na sua vida possa ajudá-la a mudar.

Não são as horas de consultório que mudam as pessoas, mas é o espírito renovador que as invade, produzindo nelas uma nova criatura, por uma nova força viva que começa a experimentar e a experienciar.

A teoria holística vê a pessoa como um sistema uno, integral, consistente e coerente, porque vê o organismo como algo organizado e em permanente organização da relação pessoa-mundo. Um sintoma é uma ruptura no sistema no que concerne à unidade, à integralidade, à consistência e à coerência organísmica.

Antes de terminar este capítulo, gostaria de retomar algumas informações sobre as origens do pensamento goldsteiniano, que nos ajudam a entender sua postura holística e, também, lembrar posições da psicologia da Gestalt, sobretudo os trabalhos de Gelb sobre a questão da percepção visual nas relações entre figura e fundo. Goldstein não se considera um psicólogo gestaltista por divergência a respeito do ponto central do qual deve partir ou evoluir o entendimento da pessoa humana. Do mesmo modo, o movimento gestaltista representado por Wertheimer, Koffka e Köhler não considera uma postura organísmica, apesar dos muitos pontos em comum ligando as duas posturas, como a questão da figura e do fundo, a substituição do conceito de associação por aquele de *insight* no qual a pessoa apreende a realidade não de um modo sequencial, fragmentário, mas como uma totalidade, como um todo significativo. A distinção maior entre os dois movimentos reside, sobretudo, no fato de a teoria organísmica insistir no organismo como uma só unidade, ou a personalidade como um todo, ao passo que o movimento gestaltista insiste na questão dos fenômenos de tomada de consciência da realidade.

A teoria organísmica insiste no organismo como uma só unidade, por meio da qual todo fenômeno mental ou fisiológico, que ocorre no organismo como um todo, deve ser entendido como resultado de um encontro eu-mundo. São as leis do todo que governam as partes e, "portanto, é preciso descobrir as leis pelas quais o organismo inteiro funciona para que se possa compreender a função de qualquer de seus componentes"[20].

A estrutura do organismo é explicada pela relação de figura e fundo. A figura é aquilo que arrasta primeiro nossa atenção, que se oferece primeiro à nossa observação; é o que salta aos olhos primeiro e está invariavelmente ligada a um fundo. O fundo é contínuo, permanente, permite à figura destacar-se, circunda-a, está por trás da figura. A figura é a principal atividade do organismo. Os membros do corpo são figuras que se salientam em um fundo contínuo que se revela como um todo, o corpo.

Figura e fundo estão de tal modo dinamicamente em processo, que é impossível um existir sem o outro; antes, é a existência de um que cria a possibilidade do outro. São como um pacote do qual a energia emana, ora como partícula ora como onda, e o que vai determinar quando será figura ou fundo, onda ou partícula, é a natureza da tarefa, do fenômeno que se provoca em dado momento, na sua relação com o meio ambiente. Portanto, sempre que as tarefas do organismo mudam, surgem novas figuras.

Fazendo uma ponte entre teoria e prática, com base nos conceitos de figura e fundo, penso na construção dos nossos sintomas como uma alternância de equilíbrio e desequilíbrio até a consolidação de um dado. Por isso, é difícil pensar o sintoma como algo permanentemente imutável, pois tudo flui, tudo muda; o sintoma é, por natureza, uma figura em um fundo saudável. Se encaramos o sintoma como uma tarefa do organismo, como uma figura, como algo que libera uma energia que tenta uma equilibração do organismo, teremos de pensar no sintoma sempre como uma tarefa provisória, como uma figura a qual, por sua natureza, deveria dar lugar a algo permanente, que é o bem-estar, o conforto, o rendimento harmonioso do organismo, o fundo. Esse fato é fundamental para se pensar na questão do diagnóstico e, em consequência, na da psicoterapia.

segunda parte

A técnica

6
O conceito de pessoa

Após essa longa exposição teórica, entraremos mais formalmente na questão da prática ou do como metodológico da Psicoterapia de Curta Duração. Toda a nossa fala anterior foi no sentido de desenvolver um campo teórico, baseado na Teoria do Campo e no espírito do existencialismo fenomenológico. Já ali corremos alguns riscos ao tentar operacionalizar os conceitos que nos pareceram mais oportunos. A segunda parte tem a intenção de tornar mais visível a instrumentação do processo psicoterapêutico apresentado. É como um ritual metodológico que tem às costas uma longa teoria de base. Diria que esta parte, mais visual, mais fenomênica do processo, poderia até ser dispensada para todos aqueles que, conhecedores habilidosos das teorias expostas, penetrassem no mundo das conexões entre teoria e prática e caminhassem pelas trilhas que mais lhes parecessem oportunas diante de cada caso. Entretanto, constitui um desafio também para o autor, pois é aqui que o campo pode se abrir a toda sorte de hipóteses e até de críticas. O autor quer correr esse risco, quer tentar fazer essas pontes e quer convidá-lo para essa caminhada, na esperança de dividir com você a coragem, a alegria do risco e, sobretudo, a possibilidade de uma colheita abundante. Mãos à obra.

Quero, mais uma vez, retornar à questão fundamental da teoria para embasar o que estamos chamando de Psicoterapia de Curta Du-

ração, Individual ou de Grupo. Introduzir, de início, que o conceito pessoa me dá um sentimento de que estou entrando no campo do sagrado e me remete, de novo, à questão do risco da fidelidade, seja à teoria seja à pessoa.

Falar do conceito de "pessoa", dentro de uma visão específica de psicoterapias individuais, me dá um chão, um suporte para me sentir em consonância com milhares de pessoas que, como eu, aceitam a dimensão de compreender o ser humano com base na Teoria do Campo. Entendo que essa teoria me dá uma dimensão mais vasta do que aquela de que preciso metodologicamente. Mas me dá também o embasamento fenomenológico que me situa no tempo e no espaço e me organiza para olhar melhor a realidade e me situar nela. A teoria, mais uma vez, nos dará suporte para que nossa trilha seja palmilhada com segurança e criatividade.

A visão da Teoria do Campo, por nos permitir maior fluidez de atitudes e, em consequência, um encontro mais amplo com as possibilidades do cliente, será nosso suporte teórico com relação ao conceito "pessoa", que neste contexto é vista em função do seu espaço vital, como um ser que existe em relação e para relacionar-se.

O conceito "meio", como fator de mudança de primeira ordem, será sempre visto na sua relação com o conceito "pessoa", pois pessoa e meio são sempre interdependentes.

A pessoa não é uma unidade inteiramente homogênea. Ao contrário, é um ser altamente diferenciado e não pode ser visto como uma região indiferenciada ou um simples ponto dentro do Espaço Vital, porque as locomoções psicológicas que nela ocorrem também podem provocar mudanças físicas, por intermédio de gestos que podem ter a mesma repercussão de uma simples locomoção física. Suas mudanças poderão ocorrer no seu Espaço Vital, tanto em nível interior quanto em nível de meio. É difícil saber o que pertence a um e o que pertence a outro.

Podemos considerar pessoa e meio como um simples conceito ou como um dado. As mudanças podem ocorrer em ambos, nas duas dimensões, embora devamos fazer uma distinção no que se refere à locomoção intrapessoal. A locomoção, neste caso, não pode ser considerada uma operação dinâmica básica, pois a pessoa não é um meio, não é um lugar no qual um objeto realiza uma locomoção de uma região a outra.

A determinação das fronteiras e conexões entre as regiões internas (por exemplo: memória e vontade) da pessoa depende do grau de dependência dinâmica de uma região em relação a outra. A interdependência dinâmica de duas regiões implica que o estado de uma é influenciado pelo estado de outra. Assim, a satisfação de um desejo pode provocar mudanças em toda a pessoa e influenciar seu trabalho, sua vida particular e suas amizades.[1]

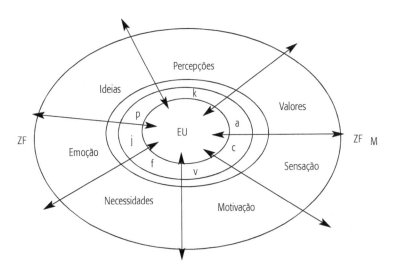

Regiões do eu e invólucro externo

Não se pode estabelecer, *a priori*, no comportamento humano, o que é figura e o que é fundo, porque essa distinção não depende de como a figura foi estruturada, mas de como a pessoa estrutura uma determinada percepção em um dado momento. Na relação figura-fundo, EU-MEIO-ZONA DE FRONTEIRA, a superposição é dinamicamente suposta, embora, dependendo de como essa superposição se estrutura, se possa perceber a direção na qual caminha a valência mais carregada de energia positiva. Ao mesmo tempo em que tudo converge para o eu, o eu se abre cada vez mais para o mundo, estabelecendo um contato essencial de comunicação inter e intrassistemas, EU-MUNDO.

Cada região na estrutura interna da pessoa é concebida como uma gestalt. A dependência ou a interdependência dinâmica das regiões repousa em suas propriedades qualitativas e nas propriedades de suas fronteiras ou zonas de fronteiras. Duas regiões podem estar em contato imediato sem que estejam separadas por nenhuma barreira dinâmica; contudo, suas propriedades podem ser tais que uma mudança no estado de uma das regiões não tenha aparente influência no estado de outra. As fronteiras interiores à pessoa, assim como as do meio, repousam em parte nas diferenças qualitativas entre as regiões vizinhas e em parte nas propriedades das próprias fronteiras.[2]

As fronteiras podem ser constituídas, inclusive, de simples estados dentro de um quadro de emoções que se encontram e se comportam como Gestalts, como totalidades dinâmicas e significativas em determinado momento.

As relações entre pessoa, meio e fronteira dependem de movimentos internos cujas propriedades são de caráter eminentemente qualitativo e, muitas vezes, não conscientes. Isso significa que o processo de mudança nas pessoas obedece a uma sutileza que não pode ser verificada quantitativamente.

Lewin considera a pessoa como uma região no Espaço Vital separado do meio por uma curva de Jordan.

Dentro dessa região existem subregiões que ele chamou de *regiões intrapessoais* (I) e *região perceptomotora* (PM), que ocupa a posição de uma zona de fronteira entre as regiões intrapessoais e o meio.

Cada região funciona como uma Gestalt, e o Espaço Vital, como tal, é considerado uma Gestalt maior.

Esta figura nos mostra a íntima intra e inter-relação com as quais, dinamicamente, a pessoa experiencia sua realidade. Deve ficar claro que essas regiões não significam algo físico-espacial mensurável por qualquer ciência física, química ou outra. Elas constituem um dado, múltiplos aspectos da realidade por meio da qual o presente se torna perceptível. Entendemos que a pessoa se realiza, se expressa, se movimenta pelas regiões, uma delas inacessível que é a região intrapessoal, em que os processos psíquicos menos conscientes se desenvolveram, podendo ser centrais ou periféricos, os quais Lewin chama de camadas centrais e periféricas. Embora Lewin não fale de uma relação entre consciência e camadas, acredito, entretanto, que se pode apropriadamente fazer essa analogia. Mais próxima da consciência está, portanto, a região perceptomotora, na qual os processos perceptivos e motores ocorrem e, finalmente, o meio que envolve todas as variáveis em determinado momento.

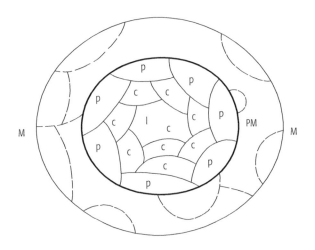

Topologia da pessoa, PM, região perceptomotora: I, região intrapessoal; p, camadas periféricas do I; c, camadas centrais do I; M, miolo. (Lewin. *Principles of topological psychology*, McGraw-Hill.)

A pessoa é vista como um sistema integrado, como uma estrutura por meio da qual se pode mapear, diagnosticar as diversas regiões e sua relação entre si e o mundo. Essas regiões se distinguem em *fluidez*, *elasticidade* e *plasticidade*, sendo esses elementos naturais à estrutura pessoal. Tal fato tem diretamente que ver com o processo de mudança que sempre ocorre por meio dessas propriedades estruturais, não obedecendo a uma lógica predeterminada.

Lewin apoia essa representação no fato de que as regiões intrapessoais (necessidades, por exemplo) afetam o meio apenas mediante uma expressão corporal que se realiza pela região motora (como a fala, por exemplo). Por sua vez, a influência do meio sobre as regiões intrapessoais faz-se, também, por uma região intermediária que corresponde ao sistema perceptivo. Daí decorre que a região perceptomotora pode ser vista como intermediária (zona de fronteira) entre as regiões intrapessoais e o meio. Além disso, podemos dizer também que, entre a região motora e as regiões internas, não reside apenas uma diferença de posição, mas também uma diferença de função, pois a primeira funciona como instrumento da segunda. Assim como nas regiões intrapessoais, também na região perceptomotora podemos distinguir entre regiões mais centrais e outras mais periféricas.[3]

Esse fato demonstra que as mudanças na pessoa dependem da posição e da função que ela ocupa entre as diversas regiões. Quando apenas camadas periféricas são atingidas, o processo emocional ou de mudança ocorre de maneira mais superficial e controlada. Quando camadas centrais são atingidas, o processo emocional ou de mudança é menos perceptível, menos consciente e até mais complexo para ocorrer, porque as reações ou a fronteira entre as camadas centrais e o meio são mais fortes do que as que separam as camadas periféricas e o meio. Mudanças ocorrem na razão em que conexões entre regiões internas e motoras se fazem com mais ou menos facilidade. Tal fato está diretamente relacionado à questão da tensão nas diversas subregiões, e entre elas. Quanto mais alto o nível de tensão tanto maior será a unificação dinâmica da pessoa.

> Esta maior unidade repousa, pelo menos em parte, no fato de que o grau de separação das partes do sistema tem de se relacionar com a intensidade das forças em questão. As barreiras dinâmicas que são suficientes para separar partes do sistema, caso as forças em questão sejam pequenas, perdem a importância no caso de surgirem forças maiores num estado de forte tensão. Portanto, um aumento de tensão interna implica um processo de dediferenciação da pessoa.[4]

Ao lado desse processo, devemos lembrar que o modo de desenvolvimento, na criança ou no adulto, apresenta sempre um processo de diferenciação e integração, e tal fato não destrói a unidade original da pessoa. O processo de integração diminui a intensidade do processo de diferenciação, à medida que permite maior interdependência das regiões da pessoa, criando uma unificação de regiões diferenciadas, porém trabalhando no mesmo sentido, ao passo que a dediferenciação seria uma unidade provocada pela destruição das fronteiras dinâmicas, criando uma totalidade precária.

Se pensarmos a pessoa numa visão aristotélica, diremos que pessoa e meio são entidades isoladas; as propriedades que definem um independem das que definem o outro. O meio é algo invariável, visto como igual por diferentes pessoas e funcionando em função da pessoa e o inverso, mas sem nenhuma interdependência dinâmica.

Para Lewin, pessoa e meio são interdependentes, podendo ser vistos por pessoas diferentes em diferentes momentos. A realidade se oferece à observação da pessoa que lhe empresta sempre os mesmos significados ou significados diferentes, dependendo de como lida com ela de acordo com dados subjetivos ou objetivos do momento. Apesar de, às vezes, a realidade ser ambígua, pode-se perceber nela significados distintos e perfeitamente definidos, cuja percepção também provoca comportamentos diferentes, dependendo de como a percepção da realidade muda de um momento para outro sobre os mesmos objetivos. Isso levou Lewin a passar da fórmula sobre o comportamento $C = F (P.M)$ para $M = F (p)$ e $P = F (m)$.

O comportamento, portanto, depende do estado da pessoa e de seu meio. Consideramos a pessoa (P) e meio (M) como variáveis mutuamente dependentes ou, em outras palavras, como constelação de fatores interdependentes. Nosso objetivo é determinar esta função (F), que relacione dinamicamente pessoa e meio.

Pessoa e meio são duas regiões distintas e interdependentes do Espaço Vital. A pessoa, assim como o meio, também se divide em subregiões, constituídas pela região perceptomotora e a região interna.

O número de regiões do Espaço Vital, na sua totalidade, e o número de subregiões da pessoa e do meio psicológico dependem do número de fatos psicológicos coexistentes em determinado momento que, basicamente, são constituídos pelas necessidades ou quase necessidades da pessoa. A cada um desses fatos corresponde uma região intrapessoal diferenciada. O grau de diferenciação varia de pessoa para pessoa e um fato ocorrido em uma região afeta praticamente todas as outras.[5]

Para Lewin,

[...] cada pessoa possui um tipo de estrutura característica. A diferença entre elas depende não somente do grau de diferenciação que a pessoa como um todo apresenta, mas também da maneira pela qual as diferentes subregiões estão distribuídas, da intensidade das conexões existentes entre elas e da função que cada uma desempenha na vida da pessoa.[6]

Para os teóricos do campo, a estrutura não é imutável. Ela é algo que dá sustentação à personalidade. É como um fundo dinamicamente em mudança e com consistente grau de permanência. Isso fica claro quando se vê uma árvore de trinta, quarenta anos. Passam-se os anos e o tronco (a estrutura básica) aparentemente não muda, mas os galhos e folhas se renovam constantemente.

A estrutura da pessoa pode apresentar uma relativa estabilidade durante um longo período de tempo. No entanto, uma mudança muito grande no meio psicológico pode acarretar modificações intensas nessa estrutura. Modificações podem ser temporárias ou definitivas. São bastante conhecidos os exemplos de mulheres cujo aparecimento transformou radicalmente a vida de homens famosos, cuja estrutura parecia inabalável.[7]

Esse processo nos lembra a dificuldade de lidar com o determinismo psicológico, bem como com a impossibilidade de um psicodiagnóstico estrutural que se pretenda permanente, e abre a possibilidade a uma visão da realidade ditada pela fluidez, pela espontaneidade, porque tal fato vem da própria natureza que, ao se organizar, sem romper uma estrutura básica, convive com as eternas mudanças que lhe advêm do meio em que se realiza. Isso explica por que as pessoas são tão diferentes, por que alguém é excelente em matérias exatas e pouco

GESTALT-TERAPIA DE CURTA DURAÇÃO

apto em música, ou por que alguém é eminentemente prático e convive mal com o risco, com o diferente.

O Espaço Vital da pessoa ou da pessoa no seu Espaço Vital está permanentemente sujeito à mudança; nada é definido. A realidade é experienciada em níveis diferentes de realidade ou de irrealidade. Locomoção e comunicação são conceitos que facilitam o entendimento da mudança. Toda mudança é precedida por uma locomoção ou comunicação que implicam maior ou menor grau de realidade. Uma locomoção física, por exemplo, poderá ter maior grau de realidade do que uma comunicação mental, como uma fantasia, que tem maior grau de irrealidade.

Lewin distingue interdependência dinâmica ou grau de comunicação e locomoção. O conceito de interdependência ou o grau de comunicação se aplica à interferência de forças entre regiões intrapessoais, ao passo que locomoção se aplica à interferência de forças ocorridas no meio ou na zona de fronteira. Ele afirma que o conceito de *estado de uma região* está no centro da questão estudada e se refere às forças que nela atuam e à tensão resultante. Um sistema é uma região em relação ao seu estado de tensão.

Entre os fatores presentes no meio, devemos considerar sua estrutura cognitiva, suas valências e suas forças. Dentre os fatores que as pessoas trazem para seu meio, devemos considerar sua estrutura e sua tensão.

A locomoção de uma região ou subregião a outra se faz por intermédio das fronteiras, que são o ponto de conexão com base no qual se poderá observar o grau de dependência ou de interdependência dinâmica das regiões, por meio da qual se percebe o estado de uma região influenciando ou não outra região.

A pessoa, portanto, é pensada no campo, no qual pessoa e meio são realidades interdependentes. Na prática, podemos pensar pessoa e meio como figura e fundo de uma única realidade.

A pessoa é composta de regiões que se comunicam pelas propriedades de fluidez, elasticidade e plasticidade. Não pode ser concebida como algo monolítico, uma realidade sob o império das variáveis psicológicas e não psicológicas. Jamais adoece por inteiro. Há nela sempre regiões preservadas que, uma vez atingidas eficazmente, contaminam todos os demais subsistemas.

A finalidade da psicoterapia é, prioritariamente, liberar e liderar as forças preservadas da personalidade e não a de debelar sintomas. É importante que a pessoa encontre sua capacidade de fluir, de ser espontânea, porque essas capacidades pertencem à natureza da pessoa, pois provêm de um mecanismo inato no ser humano, que é o de se autorregular. Ser harmonicamente com o meio circundante.

Tal fato explica por que uma pessoa gravemente doente, um neurótico com grave distúrbio de personalidade não consegue mudar porque quer ou quando quer. De algum modo, ele se autoimpede, colocando-se rigidamente dentro ou aquém da fronteira. É importante retirá-lo da posição compulsiva de só olhar para si mesmo e fazê-lo ver que existe um mundo além dele, e que suas possibilidades crescem na razão em que pessoa e meio se encontram, diminuindo o nível de tensão e possibilitando que a mudança, de fato, ocorra.

A concepção de psicoterapia individual de curta duração baseia-se em nossa reflexão sobre este conceito de pessoa como um ser que se locomove e se comunica dentro de seu Espaço Vital, aquém e além de suas próprias fronteiras, num permanente movimento de fluidez, elasticidade e plasticidade. Podendo escolher e agir.

Compete ao terapeuta, com o cliente, ver de frente os campos afetados na e pela conduta humana e estudar os caminhos de uma solução por meio de atitudes como:

- saber que a pessoa é um campo diferenciado e que locomoções físicas e psíquicas ocorrem, desde que encontrem motivações para tanto;
- saber que a fixação no sintoma depende da relação que se estabelece entre fronteiras e que é preciso modificar a relação de forças entre as várias regiões. Este é um dos fundamentos da ação psicoterapêutica na GTCD;
- saber que mudanças são de caráter qualitativo e que é preciso criar motivos novos, intensos, para que surja um novo equilíbrio. Não se trata de fazer coisas, mas fazer bem aquilo que se faz;

GESTALT-TERAPIA DE CURTA DURAÇÃO

- saber que a pessoa é um sistema integrado e que ela pode se mapear, isto é, ver-se como encontro de caminhos ativos da fluidez e da elasticidade. É preciso intuir caminhos porque, na neurose, a pessoa termina perdendo a espontaneidade de mudar;
- saber que as mudanças ocorrem tanto na periferia quanto nas camadas centrais, e isso depende da reação que ocorre dentro da fronteira e das camadas. Às vezes, é mais fácil produzir uma mudança na periferia do que nas camadas centrais; como tudo influencia tudo, a totalidade se re-equilibra também a partir da periferia;
- lembrar que o comportamento depende do estado da pessoa e de seu meio e que descobrir a função dinâmica de um sobre o outro é descobrir o caminho da saúde;
- lembrar que a estrutura de uma pessoa pode apresentar relativa estabilidade durante certo tempo, mas que isso não significa uma autorregulação positiva, e por isso introduzir mudanças é criar possibilidades de modificação e de renovação;
- lembrar que a pessoa precisa ser ajudada para mudar, e é função da GTCD facilitar esse processo.

7
Gestalt-terapia individual de curta duração

Gestalt-terapia individual de curta duração é um processo no qual cliente e psicoterapeuta se envolvem em soluções imediatas de situações de qualquer ordem, vividas pelo cliente como problemática, utilizando todos os recursos disponíveis, de tal modo que no mais curto espaço de tempo o cliente possa se sentir confortável para conduzir sozinho sua própria vida.

"Terapia breve significa que num prazo relativamente curto temos de influenciar os sintomas do paciente, num tal grau, que ele se torne capaz de atuar por conta própria."[1]

Outros afirmam que se trata de um método no qual se deve realizar o máximo possível, no menor tempo possível.

A psicoterapia de curta duração é uma técnica, por si mesma, baseada em ideologia e princípios próprios. É breve não porque não poderia ser longa, ou porque a pessoa é pobre, não tem tempo, ou é terminal. É breve porque assim o cliente deseja e necessita, e existe uma metodologia para tanto.

Atitude do psicoterapeuta

O modelo de procedimento psicoterapêutico está em íntima relação com a visão de pessoa, de psicoterapia e de resultados que o

GESTALT-TERAPIA DE CURTA DURAÇÃO

psicoterapeuta espera ter na sua relação com a pessoa necessitada, pelo sintoma.

O cliente é sempre a figura principal. Mesmo havendo uma intersecção de regiões, e ainda que cliente e terapeuta conservem sua individualidade, um ocupando parte da região do outro, o terapeuta desenvolve um papel ativo e presente, sem jamais substituir a opção livre do cliente.

Algumas atitudes serão de grande valia: 1. examinar cuidadosamente o processo pelo qual a pessoa passa, a fim de avaliar a possibilidade ou não de começar um trabalho de curta duração; 2. estabelecer com o cliente um plano claro de trabalho a partir de uma conversa livre e direta sobre a questão a ser tratada; 3. utilizar todos os recursos à sua disposição e do cliente a fim de facilitar e apressar o processo de mudança; 4. conduzir o processo psicoterapêutico como uma totalidade mente-corpo-mundo em ação; 5. centrar-se tanto na experiência imediata da pessoa quanto na sua, de maneira clara, direta, precisa, sem subterfúgios; 6. não se aprisionar às teorias, agindo na mais direta conexão com o cliente, atento às necessidades imediatas dele; e 7. agir com humildade, sabendo que a perfeição psicoterapêutica é um ideal e os resultados são apenas uma gota d'água na imensidão do que significa ser pessoa.

O psicoterapeuta encontra-se diante de uma demanda clara de ajuda. Portanto, a questão não é o que fazer, mas como fazer. É importante que ele se sinta livre para perguntar, explorar pontos em que sente a energia fluindo, discutir atitudes, elogiar, avaliar o que está sob enfoque, participar direta e claramente da experiência imediata da pessoa ou do grupo, evitar silêncios desnecessários, sinalizar reações corporais como linguagem, incentivar caminhos e soluções, discutir claramente as formas de contato que a pessoa estabelece com o mundo.

Na realidade, uma atitude não pode ser uma coisa programada, não pode a priori ser uma proposta de como agir diante de uma pessoa que nos traz uma situação, mas é algo que vem de dentro, fruto de muita reflexão e de experiências acumuladas, emana do mestre que existe dentro de cada um de nós. Essa atitude original nasce do encontro entre duas pessoas, do olhar na mesma direção, do amor que é sem normas e que é a única norma real, palavra-princípio por excelência.

Objetivos

A questão dos objetivos em psicoterapia fenomenológica pode parecer paradoxal, isto é, ao mesmo tempo em que preciso estar sem desejo e sem memória, colocando-me entre parênteses para não interferir na caminhada do outro, preciso também fazer alguma proposta, preciso de resultados, pois esta é também a expectativa do cliente.

Acredito que, na base de todo objetivo existe uma predeterminação pela qual o sujeito se propõe produzir o objeto, fazer que ele aconteça.

Quando se trata da questão humana, do interferir na existência do outro ou quando esse outro chama alguém para interfirir na sua existência, estamos, de novo, lidando com o poder pessoal intransferível, que abre suas portas a outrem pedindo que entre e faça alguma leitura do seu universo, ajude-o a revê-lo e a solucionar questões que sozinho não consegue.

Acredito que só quando se vive uma postura autenticamente amorosa é possível encontrar a estrada do meio, entrar sem arrombar, semear sem esperar ter de colher, de dar as mãos sem conduzir.

Podemos distinguir três níveis de objetivos:

1. Os objetivos esperados são os mais diversos, desde *aqueles mais existenciais*, como o resgate da pessoa na sua capacidade de se querer bem, de se ver como possível, de se ver maior do que realmente se sente, de solucionar dúvidas e questionamentos que a preocupam.

2. Passando *àqueles experienciais*, que ocorrem em qualquer forma de psicoterapia, como: a) aliviar a dor; b) ajudar a pessoa a lidar consigo mesma e com os outros de forma espontânea e criativa; c) despertar o prazer e a alegria da vida; d)

aumentar a autoestima e a autoimagem numa perspectiva de maior contato; e) ensinar a pessoa a olhar o mundo e a descobrir nele sua fonte maior de nutrição; e f) aprender a compartilhar o que é bom, administrar as diferenças e conviver criativamente com problemas que não consegue resolver.

Esses objetivos fazem parte do próprio existir, à medida que se procura felicidade e bem-estar. O terapeuta deve estar atento para facilitar às pessoas a vivência desses sentimentos, como desdobramento de uma busca que parece fazer parte deste inacabado que é nossa caminhada.

3. Passando ainda *àqueles experimentais*, que estão mais dentro do contexto e da natureza da GTCD, nos encontramos com objetivos claros, cuja solução pretendemos alcançar o mais rápido possível, dentro do contexto da expectativa, do desejo e da necessidade da pessoa. Essa rapidez dependerá de fatores como: suporte interno do cliente para encontrar a solução desejada, necessidade emergente, alto nível de ansiedade, dificuldade de solucionar o próprio problema, tempo como demanda decisória, capacidade do terapeuta para estar imerso no problema sem forçar soluções inadequadas, de não perder o verdadeiro sentido da espera fenomenológica, de conviver com a frustração do cliente e a sua por não alcançar, como imaginava, seus objetivos.

O objetivo, portanto, parte de uma visão de totalidade da situação do cliente, não obstante sua procura ser em função de determinado sintoma ou necessidade. Tratar só o sintoma, tentar resolver só a demanda imediata do cliente, deixando de lado o significado do sintoma é caminhar na contramão do processo de cura. Resolve, mas não sara. Como, no entanto, estar nas duas coisas, sintoma e totalidade, vai depender da sensibilidade, da criatividade e da disponibilidade de ambos. Só no aqui-e-agora se verá.

Duração

Não estou seguro se a essência da psicoterapia de curta duração deva se centrar na questão do tempo ou da duração. Tempo ou duração decorrem de algo anterior, que talvez possamos definir como: a necessidade imediata e urgente de a pessoa ser atendida no mais breve espaço de tempo, sua incapacidade momentânea para se ajudar eficazmente e suporte interno para conviver e administrar a mudança. Da parte do terapeuta: condição para entrar fenomenologicamente no processo do cliente. O tempo é função dessas variáveis. Não é o tempo que define a natureza da psicoterapia de curta duração. Ele é derivante de algo anterior.

Deixamos de lado a questão se a psicoterapia de curta duração é reconstrutiva da personalidade ou se é apenas reparativa. Se visa re-estruturar a personalidade ou apenas fazer alguns reparos, porque não é o tempo que decide tal fato. Podemos encontrar pessoas que, após um curtíssimo tempo de psicoterapia, parecem ter re-estruturado a imagem de si mesmas, suas relações com o mundo e suas vidas e, de outro lado, pessoas que, após um longo tempo em psicoterapia, ainda parecem estar no começo de tudo.

É difícil, desse modo, determinar um número fixo de sessões ou pensar que uma possível cura ou mudança só vai começar a ocorrer após determinado número de sessões.

Cura ou mudança poderão ocorrer em qualquer momento, porque são frutos da convergência de numerosos fatores e não das horas somadas do processo psicoterapêutico. Não estamos trabalhando com a mudança de um sintoma específico, mas lidando com a pessoa como totalidade, sem pretensão de mudar este ou aquele sintoma ou situação. É a pessoa quem está em psicoterapia. Estamos atuando sobre a totalidade de seu Espaço Vital, no tempo curto que ela solicita e nos é possível, esperando que após cerca de dez a vinte sessões ocorram mudanças no seu campo biopsicossocioespiritual que lhe permitam retomar provisória ou definitivamente o leme de sua vida.

A duração não pode, a priori e rigidamente, ser estabelecida porque não podemos definir ou prever como o comportamento funciona quando as pessoas estão sob a pressão de emoções perturbadoras.

GESTALT-TERAPIA DE CURTA DURAÇÃO

O psicoterapeuta não poderá perder a dimensão dessa perspectiva de trabalho de curta duração. No entanto, a prática da psicoterapia breve, na sua vasta literatura, indica entre 15 e 25 sessões de terapia individual como um número pragmático e ideal. Esse número dependerá, naturalmente, das necessidades imediatas do cliente, de sua capacidade interna de se ajudar em curto espaço de tempo, e da habilidade e sensibilidade do terapeuta para poder estar junto da perspectiva do cliente.

Poderão ocorrer mudanças tão profundas nesse curto espaço de tempo, que a pessoa poderá se sentir pronta para retomar sua vida, sem ter de completar as sessões previstas ou sem necessidade de outro tipo de intervenção, mais longo, embora se perceba ainda com situações inacabadas, mas cujo processo não a impede de trabalhar, amar e viver. Como poderá ocorrer também, terminado o tempo previsto, de ela não estar pronta, dentro de sua própria perspectiva, e sentir necessidade de um novo contrato de tempo mais longo.

Acreditamos que uma vez iniciado o processo de mudança, se não intervierem forças negativas, este continua por si mesmo, generalizando os efeitos da mudança a campos aparentemente não relacionados ao sintoma. O processo de mudança sai do tempo cronológico, ou lógico-causal, para um tempo existencial, experiencial. As mudanças acontecem no tempo, não causadas por ele, e sim pela vontade de poder pessoal do cliente e pela íntima sintonia com o processo discutido com o terapeuta.

Seleção

Poderíamos, a princípio e teoricamente, dizer que a psicoterapia de curta duração não tem contraindicação. A intenção, a necessidade, a urgência, o desejo do cliente interferem no critério de seleção e também no tipo de contrato psicoterapêutico que vai ser estabelecido.

Do ponto de vista da técnica, do fato, e pensando em um rendimento maior no processo psicoterapêutico, podemos indicar algumas condições que facilitem o processo de escolha do cliente.

Apesar de nossa posição anterior de que, em geral, a psicoterapia de curta duração poderia ser indicada para qualquer pessoa, a entrevista de admissão será importante no sentido de selecionar pessoas que melhor se adaptem ao processo da psicoterapia. Entra aqui a questão das motivações e necessidades imediatas do cliente.

A entrevista visa estabelecer o contato que o cliente mantém consigo, com os outros e com o mundo no interesse específico da PCD.

Existem algumas circunstâncias mais gerais, que facilitam a diminuição da duração do tempo, tornam o processo mais inteligível, com mais visibilidade e certamente mais eficaz, como: 1. uma relação de contato bem estabelecida, nutritiva, entre psicoterapeuta e cliente; 2. a intenção real e efetiva por parte do cliente de aliviar ou curar-se dos próprios sintomas; 3. a vontade de a pessoa mudar e perceber o poder que tem de dispor de sua vontade; 4. a crença que a pessoa tem de que vale a pena mudar; 5. a percepção que tem da dimensão de seu mal-estar e das consequências que tais fatos trazem a sua vida; 6. uma visão do tempo interno do cliente e do psicoterapeuta no sentido da melhora dos resultados esperados; e 7. a capacidade do cliente e do psicoterapeuta de verem a vida como um todo e não como um sintoma ou problema.

Existem, entretanto, algumas condições específicas, cuja incidência faz que a indicação para uma psicoterapia de breve duração esteja certamente prejudicada, como pessoas com pouca capacidade egoica (um eu pouco sistematizado, em estado de muita confusão, com dificuldade de se ver individualizado), com estruturas de personalidade muito prejudicada ou com psicopatologias graves, pessoas com pouca afetividade, com limitação intelectual grave, sem disponibilidade e motivação para a mudança.

Bem como existem pessoas que estão diretamente indicadas para uma psicoterapia de curta duração, como: pessoas com percepção clara de que precisam mudar e não dispõem de muito tempo, com dificuldade de decisão e sem saber que caminho seguir; pessoas que sofreram mudanças rápidas em suas vidas e não sabem como se organizar; pessoas com planos inadiáveis e que se encontram em confusão mental; pessoas em situação de estresse, de culpa acentuada,

GESTALT-TERAPIA DE CURTA DURAÇÃO

de impotência, cujas vidas estão sofrendo prejuízo considerável e não têm apoio interno para se livrar sozinhas de suas neuroses.

É diferente de nos encontrarmos diante de uma intervenção em crise, na qual a atitude do psicoterapeuta é praticamente ditada, solicitada a partir da necessidade emergencial do cliente. Nesse caso, é como se o psicoterapeuta não tivesse opções nem tempo. O tempo é aquele. O caso está ali, a pessoa está ali e ele deve fazer o que puder e o que deve ser feito. É desnecessário dizer que a delicadeza, o respeito pelo outro, a criatividade do cliente e do terapeuta jamais devem ser esquecidos.

O método fenomenológico jamais dispensa a atenção cuidadosa do psicoterapeuta, em qualquer circunstância, mesmo quando, em certos casos, ele deva optar pelo mais urgente, pelo mais prático, pelo mais factível. Às vezes, é importante transgredir uma norma para salvar a essência das coisas e das pessoas.

Modelo

As psicoterapias breves destinguem-se de uma psicoterapia longa, dependendo da problemática presente e do tipo de contrato de trabalho que se estabelece.

Na psicoterapia de mais longa duração, não existe um foco único a ser tratado, embora, muitas vezes, o cliente traga os mesmos temas durante meses. Esses temas se sucedem, são abandonados ou resolvidos, outros retornam, embora haja sempre um tema de fundo que mantém os demais. Cliente e psicoterapeuta contam com o tempo. As sessões se sucedem durante meses, às vezes, anos. Supõe-se que tal processo signifique uma psicoterapia mais profunda e re-estruturativa da personalidade. As mudanças ocorrem de maneira quase imperceptível. A alta ocorre por conta do cliente, na maioria das vezes. Ao longo de dois, três anos, o cliente aprendeu a lidar de maneira mais criativa com seus problemas e a solucioná-los.

Na indicação para a psicoterapia de curta duração, temos um problema específico a ser tratado, uma situação concreta que pede urgência de solução, um sintoma que se revela de maneira agressiva e a vontade explícita de alguém que necessita de ajuda. Então fazemos um contrato claro e explícito para lidar com uma questão que envolve tempo, pagamento e algumas atitudes específicas. Existe um tema em questão, um contrato de trabalho, uma atenção especificamente voltada para ele. Isso não significa o abandono de outras questões que podem ser introduzidas, quando ligadas ao tema.

Em ambos os modelos, o foco psicoterapêutico tem um rumo, uma direção precisa, e o psicoterapeuta está ligado à pessoa como um todo, como uma totalidade produtora de energia. Estar ligado à pessoa como um fenômeno totalizador significa que se deva sempre ver a pessoa no seu Espaço Vital e no mundo que a cerca. De fato, é a pessoa toda que se encontra em processo e não apenas o sintoma. Embora o sintoma do ponto de vista imediato seja figura, porque se revela primeiro; de fato, ele é fundo, porque é apenas uma parte de uma totalidade maior, na qual se revela.

A grande arte da psicoterapia de curta duração é funcionar agindo imediatamente na totalidade com base nas informações mandadas pelo sintoma, sem o perder de vista em nenhum momento.

O sintoma é como um farol, que lança sinais, indicando o caminho em zona de perigo, mas não orienta nem o navio nem os tripulantes se o comandante não souber olhar além do que o farol lhe informa.

Fazer psicoterapia assemelha-se a fazer pontes entre dados falados, vividos. É facilitar à pessoa usar essas pontes para re-encontrar lugares perdidos dentro de si mesma. É instigá-la a procurar soluções novas. É ajudá-la a entrar em cena com um *script* diferente daquele que ela sempre usou.

A fala clara, as induções, as deduções, as ilações, os experimentos são instrumentos de trabalho nos quais cliente e psicoterapeuta se encontram preferencialmente.

Observação: os modelos de terapia individual e de grupo serão aqui apresentados de forma extremamente sucinta. Apresento o núcleo prático e funcional de cada modelo. Aponto caminhos, pois eles seriam tão numerosos que seria impossível operacionalizá-los. Cada um des-

GESTALT-TERAPIA DE CURTA DURAÇÃO

tes modelos tem como sustentação teórica as considerações aqui apresentadas que constituem o fundo, o alicerce do nosso trabalho, sobre o qual você desenvolverá seu trabalho pessoal. Apresento esquemas, deixando à sua criatividade ir buscar nas teorias aqui expostas a roupagem com que você dará forma e visibilidade ao seu trabalho.

Dentre as várias possibilidades de se trabalhar de forma breve, aponto duas opções que gostaria de afirmar como as mais claramente definidas e as que mais utilizo atualmente.

GESTALT-TERAPIA INDIVIDUAL PREVENTIVA DE CURTA DURAÇÃO

É aquela em que o indivíduo não apresenta uma necessidade urgente, um sintoma aparente, uma demanda clara. A necessidade é preventiva, de autoconhecimento, de autorrealização. Supõe um processo no qual alguém se propõe, sem uma causa urgente ou aparente, a passar por um processo rápido de autoajuda e de autoconhecimento com o suporte do terapeuta.

Trata-se, no caso, de uma pessoa consciente, com uma imagem objetiva de si mesma, sem problemas específicos que a incomodem, mas que deseja uma ampliação de consciência e quer lançar um pouco mais de luz sobre áreas importantes de sua vida.

A duração deve ser discutida com o cliente na primeira sessão, embora o psicoterapeuta possa ter uma ideia da possível duração do processo pelas informações obtidas na entrevista individual.

Terapeuta e cliente poderão mudar de planos, durante a caminhada. Acredito que, depois de esclarecidos os temas mais importantes em uma ou duas sessões, será feito um contrato com um número aproximado de sessões. Quinze a vinte sessões seria um tempo razoável para esse tipo de psicoterapia. O número cria uma sensação de que não se pode perder tempo, evita o surgimento de dependência, influencia na autoentrega psicoemocional do cliente. Se no final se percebe que o cliente precisa de mais um tempo, porque é normal que novas demandas tenham surgido, ele poderá ser encaminhado para uma psicoterapia de mais longa duração, individual ou de grupo, ou um novo contrato será feito.

Do ponto de vista da técnica, existem algumas possibilidades de trabalho:

1. O cliente fala livremente de suas necessidades. Trata-se de uma fala livre, pensada e responsável. O objetivo do trabalho é de esclarecimento, de apoio e até de soluções de problemas.

2. O cliente e o psicoterapeuta escolhem temas variados que desejem tratar, como: religião, dor, prazer, sexualidade e outros. Os temas são do cliente, embora o psicoterapeuta deva estar atento para que sejam tratados de maneira criativa, engajada e libertadora.

3. Podem ser feitas sessões temáticas usando o Ciclo do Contato e Fatores de Cura, por meio do qual, seguindo cada ponto do Ciclo do Contato, poder-se-á percorrer todo o processo do ciclo, possibilitando à pessoa rever seu sistema de fazer contato e tomar decisões.

Nesses casos, o psicoterapeuta é mais reflexivo, fala mais livremente, participa de forma criativa da fala da pessoa, propõe exercícios de contato e conscientização da realidade, pode codividir experiências pessoais para enriquecer a totalidade dos fatos, controla a distribuição do tempo de maneira mais explícita, no sentido de evitar a manipulação, a criação de resistências desnecessárias e a perda de tempo.

Nesse caso, o terapeuta procurará:

- desenvolver o lado positivo da pessoa, colocando-a frente a frente com seu poder pessoal;
- permanecer o máximo possível no presente, para que o cliente experiencie a realidade assim como se apresenta;
- tirar proveito de uma leitura mais ampla do mundo à sua volta, sobretudo pela leitura de caminhos que outros percorreram e que não deram certo; e

- desenvolver um sentido de gratidão à vida, a Deus pelo dom da cotidianidade tranquila em que vive.

Esta é uma situação privilegiada. Talvez devesse ser esse o papel principal da psicologia clínica: transformar-se numa postura preventiva, de acordo com o velho e sábio ditado: "As coisas não se conservam consertando-as, mas impedindo que se estraguem". Estamos tão habituados a lidar com a doença, que mal sabemos falar sobre a saúde, agir nela e com ela. Prevenir é agir com a vida como uma totalidade, ao passo que curar é tentar chegar a um fundo, cuja figura se separou dessa totalidade e quis se impor por si mesma, e virou doença.

Ciclo de Bloqueios do Contato e Fatores de Cura

Ambiente

O ciclo deve ser concebido como um sistema dinâmico, como uma unidade relacional de operação de mudanças, em que cada ponto contém todos os outros, funcionando como passos do contato em direção à cura, teoricamente começando em "retirada" na direção do relógio.

Gestalt-terapia individual focal de curta duração

É aquela em que a pessoa apresenta formalmente um sintoma, um problema específico que deseja compreender, solucionar, se ver livre, ou se ver curada, no mais curto espaço de tempo, e solicita claramente que assim proceda o comportamento de ajuda.

Após uma visão do campo total em que a pessoa vive, o sintoma provavelmente adquire nova luz não só para o cliente como também para o psicoterapeuta. O cliente participa ativamente da busca e da compreensão das causas e origens de seu mal. O contrato nasce a partir de uma análise da relação da vontade de curar, da viabilidade de afetar as causas do problema, da disponibilidade da pessoa para o processo de mudança, das condições psicoemocionais para começar o processo psicoterapêutico.

O número de sessões a ser sugerido dependerá sempre do processo como um todo: entre dez e vinte sessões. O psicoterapeuta, depois de ter uma visão global da realidade da qual surge o sintoma e ter discutido a situação de maneira clara, direta e consistente, poderá propor um número aproximado de sessões para finalizar o processo. Não se pode perder a perspectiva da psicoterapia de curta duração. Embora como processo o psicoterapeuta esteja atento à totalidade de onde nasce o sintoma, como fato, ele trata algo específico. Caso exista ou surja uma demanda real, posterior, de ampliação do processo a outras áreas, o novo fato será objeto de um novo contrato ou se encaminhará o cliente para uma psicoterapia de mais longa duração com o próprio terapeuta ou com outro.

Vivemos, simultaneamente, três grandes sistemas: o cognitivo, o efetivo-emocional, o motor. Esbarramos, a todo instante, no nosso pensar, sentir, agir e falar como linguagem que transporta para o mundo exterior nosso mundo interior de medos, temores, alegrias...

Tanto a construção quanto a desconstrução da neurose passam por um confronto com esses sistemas, sobretudo com aquele que transformamos em escudo para proteger os outros dois. Assim como

GESTALT-TERAPIA DE CURTA DURAÇÃO

a construção de um problema, a sua desconstrução segue lógicas não lineares. Portanto, a criatividade e a espontaneidade do terapeuta abrirão as portas para a mudança do cliente. Se o terapeuta muda, o cliente muda também. É como uma dança, cujas passadas mudam, quando se muda o ritmo. As terapias demoradas terminam adquirindo certo caráter obsessivo porque, com frequência, lhes falta espontaneidade. Na terapia de curta duração, o terapeuta deve se expressar o mais espontaneamente possível, com coragem autêntica de pensar, sentir, fazer, falar e se comunicar.

Sem perder de vista o sintoma, que deve merecer atenção especial, o psicoterapeuta atuará ativamente sobre hábitos, estilo de vida, expectativas, valores, medos, garantias que a pessoa espera da vida. A pessoa é vista como uma totalidade fenomênica, dentro da qual ela introduz o terapeuta como um técnico, na expectativa de que, no jogo da vida, o novo placar lhe seja favorável.

Nesses casos, o terapeuta poderá desenvolver atitudes como:

- ver o sintoma em questão na sua totalidade e esta dentro de uma totalidade maior, a vida;
- ajudar o cliente a identificar claramente as causas de seus problemas, em vez de querer solucioná-los a qualquer custo para aprender a evitar situações semelhantes;
- ajudar o cliente a não sentir culpa por ter construído um sintoma e a aprender a se perdoar, pois a culpa reforça a continuação da situação;
- ver o foco do problema como resultado de situações anteriores acumuladas e aprender que se pode chegar a um único ponto ou partir dessas situações por estradas diferentes; e
- ajudar o cliente a solucionar diretamente seus problemas pela atenção, pela reflexão e pelo estudo aprofundado de suas causas quando a situação se tornar insuportável e o cliente assim o desejar.

8
Gestalt-terapia de grupo de curta duração

É difícil pensar uma psicoterapia de grupo de curta duração sob o ângulo de uma epistemologia e de uma metodologia fenomenológica.

Dentre os três modelos de psicoterapia *em* grupo, *de* grupo e *do* grupo, a psicoterapia *em* grupo e *de* grupo aproxima-se mais do modelo da terapia de curta duração, pois a terapia *do* grupo supõe a construção de uma matriz grupal, o que dificilmente ocorreria numa terapia breve, dado o curto espaço de tempo de que se dispõe.

O psicoterapeuta, orientado fenomenologicamente, deverá estar consciente das dificuldades que encontrará nessa modalidade de trabalho, sobretudo pela multiplicidade de variáveis que interferirão no processo independentemente de sua vontade, e com as quais deverá lidar fenomenologicamente.

Como fizemos com o conceito de pessoa ao iniciarmos a temática da terapia individual, entendemos que é oportuno trazer a questão do grupo, dentro da dimensão da Teoria do Campo, como suporte teórico-epistemológico de nossa proposta de trabalho.

O conceito de grupo

Aristóteles dizia que todo objeto tende naturalmente à perfeição se algo não impedir que isto ocorra. Ele concebe a natureza como um conjunto de características comuns a um grupo de objetos, que podemos chamar de classe. Nossa intenção, no início dessa argumentação, é estar um tanto na linha aristotélica, utilizando seu conceito de classe. Se as pessoas, individualmente, tendem à autorregulação, o grupo também tenderá a autorregular-se. Assim, pode-se afirmar que, a princípio, não existe no grupo uma força autodestruidora, embora tal posição implique certo animismo e predeterminação, segundo a qual tudo tem lugar na natureza. Não estamos tomando a parte pelo todo, pois não é verdade que o que a pessoa tem, a classe, isto é, o conjunto de iguais, deverá ter. Estamos afirmando que, se o grupo é formado de indivíduos e se o indivíduo, por natureza, tende a autorregular-se, o grupo fará o mesmo ainda que em moldes diferentes.

Distinguimos *"telos"*, finalidade na visão aristotélica, de *"força"*, como concebida pela física moderna.

Lewin afirma que a diferença real entre *telos* e *força* reside no fato de que a qualidade e a direção dos vetores físicos na dinâmica aristotélica se acham completamente determinados de antemão pela natureza do objeto em questão. Na física moderna, ao contrário, a existência de um vetor físico depende, como sempre, das relações mútuas entre vários fatores físicos e, de modo muito especial, da relação do objeto com seu meio ambiente.

Na dinâmica aristotélica, os movimentos manifestados por um objeto se acham totalmente determinados pelo próprio objeto. O meio interfere apenas no sentido de opor obstáculos e realizar as modificações neste movimento ou de facilitá-lo. Mas os vetores que o determinam dependem única e exclusivamente do objeto considerado isoladamente e não de uma relação na qual é apenas uma parte.[1]

Esta visão considera o indivíduo e o meio como entidades isoladas, exclusivas, imutáveis e mutuamente excludentes, e a compreensão do indivíduo parte dele e não de uma realidade total na qual ele se inclui necessariamente.

Na prática cotidiana, e dentro de uma visão aristotélica da psicoterapia, seríamos levados a tratar o sintoma, estabelecer uma relação direta entre causa e efeito, ver o processo de cura como uma função do tempo e do espaço, considerar a pessoa como objeto do tratamento, independentemente de sua vontade.

Ao contrário de uma visão aristotélica, a psicoterapia de curta duração parte de um pressuposto fenomenológico, holístico, quântico, isto é, pessoa e meio coexistem inevitavelmente, de tal modo que só por abstração se pode pensar em um isoladamente do outro. Nesse contexto, tudo muda porque mudou o princípio com base no qual se tenta explicar a natureza.

Os conceitos de figura e fundo, de meio ou campo total circundante, como integrados e integrantes de uma realidade maior, nos ajudam a entender os elementos da realidade não como isolados, aditivos, mas dinamicamente interdependentes.

Garcia-Rosa (1974) afirma que para Freud (*assim como para Aristóteles*) indivíduo e meio são concebidos como duas realidades que podem ser definidas por exclusão, isto é, sem que as propriedades de uma sejam necessárias para que se compreenda as da outra. Para ele, há uma natureza humana imutável, que permanecerá sempre como ela é e se manifestará quaisquer que sejam as condições do meio. Este intervém apenas como um facilitador para a consumação das necessidades do indivíduo ou como obstáculo a elas.

No grupo, numa visão lewiniana, vive-se situação oposta. Ali tudo influencia tudo. Existe uma interseção natural entre o grupo como um todo, entre cada pessoa no grupo, bem como entre duas ou mais pessoas no grupo.

A matriz grupal ou, como diz Lewin, a atmosfera social ou unidade maior do comportamento, contém, explica e dinamiza todas as atitudes grupais, constituindo um comportamento que não pode ser explicado apenas pelas atitudes ou características de cada membro do grupo.

Além disso, o indivíduo não perde sua individualidade no grupo. Ele é um vetor e age como tal. A pessoa humana pertence necessariamente e ao mesmo tempo a vários grupos, e no grupo seu comportamento não será fruto apenas de sua relação intragrupal, mas sim intergrupal, ou seja, ele é resultado da dinâmica dos vários grupos a que pertence.

GESTALT-TERAPIA DE CURTA DURAÇÃO

Os fatos psíquicos são totalidades (*Gestalten*), unidades orgânicas individualizadas. "Essas totalidades dependem de uma série de fatores interdependentes e são transportáveis, de tal modo que mudanças que afetam todos estes fatores não alteram algumas de suas propriedades. Resultou daí umas das afirmações mais conhecidas dessa posição: um todo é outra coisa que a soma de suas partes."[2]

Na verdade, a melhor formulação é que o todo é diferente da soma das partes, porque o todo não é nem melhor nem pior que suas partes; parte e todo são reais, embora o todo tenha propriedades que lhe são próprias e inerentes como todo.

Nessa dimensão, entenderemos o grupo como um todo dinâmico, isto é, suas partes são dinamicamente interdependentes. Não se constitui um grupo por causa da semelhança de seus membros e sim pela interdependência que se estabelece entre eles.

No caso de semelhança de raça, sexo, economia, teríamos de falar em "classe" e não em "grupos", pois a semelhança entre pessoas e atitudes não cria grupo e sim classe. A semelhança cria agrupamentos e não grupos.

Daí a importância de que, no processo psicoterapêutico, se passe da semelhança de sintomas para a interdependência das pessoas, porque é a interdependência que cria totalidades dinâmicas.

O grupo terapêutico funciona como uma escola da vida, como uma pedagogia do cotidiano, em que as lições são apreendidas e aprendidas de acordo com a capacidade de percepção de cada um de seus membros.

Algumas considerações podem nos ajudar a entender e a experienciar o grupo de forma mais sistemática:

a) *O grupo é o terreno sobre o qual a pessoa se sustenta.* A estabilidade ou a instabilidade do comportamento do indivíduo depende da sua relação com o grupo. Quando a sua relação está bem estabelecida, seu Espaço Vital se caracteriza por uma estabilidade maior do que quando ela não está bem definida.

b) *O grupo como instrumento.* O indivíduo aprende desde cedo a usar o grupo como instrumento para satisfazer suas necessidades físicas e sociais. Quando adulto, o seu *status* é um instrumento importante nas suas relações profissionais, sociais, familiares etc.

c) *O grupo como totalidade, do qual o indivíduo é parte.* Uma mudança na situação do grupo afeta diretamente a situação do indivíduo. Caso uma ameaça recaia sobre o grupo, o indivíduo se sentirá ameaçado. Assim também sua segurança e seu prestígio aumentam ou decrescem à medida que o mesmo acontece com o grupo.

d) *O grupo como parte do Espaço Vital.* Para o indivíduo, o grupo é parte do Espaço Vital em que ele se movimenta. Se considerarmos que o espaço de movimento livre de uma pessoa se caracteriza, topologicamente, por uma região circundada por outras que lhe são acessíveis, será fácil compreendermos a importância da determinação de sua posição dentro do grupo e as possíveis mudanças que este possa sofrer. Uma mudança de posição dentro do grupo pode acarretar o acesso a novas regiões, assim como o surgimento de novas barreiras.[3]

O processo psicoterapêutico em grupo deve ser pensado como aquele que ocorre em um campo de forças, contendo valências positivas e negativas. O grupo não está imune às individualidades de cada um de seus membros; antes, estas são decisivas na formação da matriz. O processo psicoterapêutico almeja criar um Espaço Vital grupal, em que cada Espaço Vital singular, sem perder suas características, se sobreponha dinamicamente. Isso significa que, se ocorrerem mudanças com o indivíduo, também ocorrerão mudanças no grupo, e o inverso. É importante que se crie, o mais rapidamente possível, uma cultura grupal acolhedora, nutritiva e segura para que o indivíduo se sinta estável na sua relação grupal. A mudança é muitas vezes função da aceitação grupal.

Nos grupos de psicoterapia de curta duração, tal movimento se torna imprescindível. Sabemos que o tempo é experiencial e existencial e não se pode ver a duração da psicoterapia como elemento determi-

nante ou não de sucesso. Não é o tempo que modifica as pessoas, mas o modo como o prazer, a felicidade, o risco se enquadram dentro do tempo. O tempo é empecilho para a ação psicoterapêutica meramente mecânica em determinado contexto. Temos de nos lembrar que o tempo mental é atemporal.

O grupo se transforma numa valência, num campo de força, numa matriz transformadora de processos. Criada a interdependência, a pessoa às vezes passa a agir inconscientemente, sob a força do grupo, embora jamais perca sua identidade, ou seja, o grupo jamais substituirá a percepção de individualidade que o sujeito possui. Como diz Lewin, "o grupo torna-se uma valência positiva correspondente a um campo de força central que mantém o indivíduo de acordo com os padrões de grupo".[4]

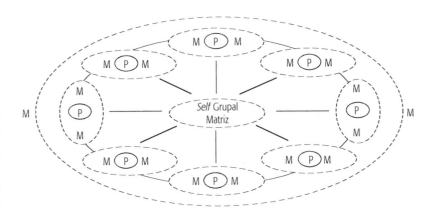

Espaço Vital Grupal
O grupo é a totalidade do Espaço Vital de cada um de seus membros. Inclui variáveis psicológicas e não psicológicas.

O campo psicológico abarcará a pessoa, seu meio, seu campo social, o grupo e seu meio. Dinâmica e estrutura de um grupo compõem seu campo social. A conduta do grupo será, portanto, explicada em função das forças que decorrem da própria situação que o grupo vive naquele momento. Essa situação envolve uma realidade psicológica e não psicológica como um todo. Essa realidade pode ser vista sob um aspecto histórico ou não histórico. O ponto de vista histórico é linear, ligado ao conceito de causa e efeito; e o não histórico é sistêmico, ligado a todas as variáveis que interferem no processo que ocorre aqui-e-agora, ou seja, na análise das variáveis que interferem na realidade em determinado momento.

O gestaltista não nega a historicidade dos fatos, dos indivíduos ou dos grupos, mas ele deseja saber como a causalidade funciona sistemicamente. *Tudo é história, e entendemos que o presente contém o passado e o explica, e não o inverso.* Podemos afirmar que existe também uma interdependência sistêmica que, a seu modo, compõe sua história, pois o que regula o comportamento de um grupo é diferente do que determinou sua origem, pois ele é uma realidade dinâmica e não estática.

Uma vez constituído o grupo, ele tem um aspecto primitivo que é produzido pelas matrizes internas de cada indivíduo, e um aspecto atual, imediato, que é produtor da interdependência que essas matrizes vão fazendo. É o seu *self.* Qualquer mudança na estrutura de um grupo, aqui-e-agora, só ocorrerá com concomitante alteração na sua estrutura primitiva. Quando as forças de um campo ou de um grupo se alteram, haverá necessariamente uma mudança no sistema, na constelação de forças, porque se interrompe o equilíbrio em função da mudança na constância das forças no interno do grupo.

Lewin chama essa mudança de processo quase-estacionário, cujo nível equivale a um equilíbrio quase-estacionário, chamado também de equilíbrio móvel. Conclui-se que o grupo está sempre em permanente mudança, embora essas mudanças, em geral, afetem mais a quantidade, provocando diferentes tipos de mudanças. Apesar dessas mudanças, o grupo pode permanecer substancialmente o mesmo, pois para que mudanças mais profundas ocorram, é necessário que se mudem as relações nos próprios subsistemas do grupo entre: "1. as estruturas da situação atual; 2. as estruturas das consciências que vivem nessa situação social; e 3. os acontecimentos que surgem nessa mesma situação".[5]

GESTALT-TERAPIA DE CURTA DURAÇÃO

Para que se possa, portanto, verificar uma mudança no sistema do grupo, o campo deve ser tratado como uma totalidade dinâmica, no qual relações, sistemas de valores e outros grupos se encontrem em íntima interdependência.

Acabamos de apresentar uma visão sucinta da teoria grupal na perspectiva da Teoria do Campo. Essas considerações valem para qualquer tipo de grupo, cuja leitura é feita com base em uma postura fenomenológica. No nosso caso, por meio desses princípios, queremos pensar a terapia de grupo de curta duração como uma façanha certamente difícil.

Anima-nos a ideia e a certeza de que é o psicoterapeuta quem deverá se comportar fenomenologicamente, e não o grupo, tendo uma perspectiva, um horizonte a partir dos quais ele verá o grupo acontecendo diante de si.

Acredito também que, antes de passar a questões mais práticas, convém lembrar algumas observações gerais sobre a prática do grupo num contexto teórico, mais próximo das nossas necessidades teóricas, que consolidam nossa caminhada.

Grupo como filosofia

Após este conjunto de reflexões estruturadas em que procuramos tecer a teia da lógica e da crítica para uma fundamentação rigorosa aliada à prática dos conceitos, permito-me falar do grupo mais soltamente, como uma passagem ritualística da ciência à arte e como uma preparação natural do exposto à prática dos diversos modelos de psicoterapia de grupo de curta duração.

Viver em grupo é aprender a descobrir em nós o mistério que o outro oculta em si e descobrir no outro o mistério que se oculta em nós. Viver em grupo é aprender a amar livremente no outro nossa própria fascinação.

O grupo é, não obstante, um desafio ao manejo da abordagem fenomenológica, porque vive descontraidamente a experiência imediata de sua espontaneidade, levando o terapeuta a buscar dentro dele todos os recursos pessoais e didáticos de que dispõe para que ele se conduza fenomenologicamente, seja fiel a si mesmo e não se distancie de sua própria experiência imediata.

Examinaremos o grupo sob três enfoques:

1. O Grupo como processo

O grupo terapêutico é uma miniatura da vida quando permite a re-experiência do cotidiano nos relacionamentos humanos.

É uma Gestalt cheia, em que tudo está incluído, tudo depende de tudo, e tudo influencia tudo; parte e todo formam uma unidade significativa, orgânica, permitindo que as diferenças se enxerguem, se encontrem, se excluam.

É o lugar do reconhecimento da própria humanidade, porque projeção e introjeção exercem um papel fundamental no processo de mudança das pessoas, como reconhecimento da própria interioridade, experienciada nas identificações conscientes e inconscientes que marcam as relações humanas grupais.

O grupo é o lugar em que amor, ódio, inveja, ciúme, grandeza, generosidade, agressividade, mesquinhez encontram espaço para se darem as mãos num processo sofrido de renovação e transformação.

O grupo é um fenômeno que se transfenomenaliza a cada instante, permitindo que o tempo deixe de ser uma ilusão para ser uma realidade, o espaço seja produtor de energia circulando nos diversos campos e permitindo que o aqui-e-agora seja experimental e existencial. É o lugar do desnudamento.

O grupo é o lugar da verdade. Ele persegue a verdade. Lida mal com a mentira, com o faz-de-conta. Ele se cala, agride, espera e, como um rio, desemboca depois de muita volta, de muita procura, no oceano da verdade.

O grupo é o lugar em que essência e existência se encontram. O grupo busca sempre o em-si da coisa, ultrapassa as vicissitudes da existência e se encontra com a realidade das coisas e pessoas. O processo grupal experiencia uma contínua redução fenomenológica como encontro com a totalidade das pessoas e do grupo, na busca permanente do realmente vivido e do sentido último das coisas.

Neste sentido, o grupo forma uma grande matriz, uma Gestalt, por meio da qual os processos se tornam inteligíveis e o processo de mudança ocorre.

Como qualquer processo humano, pois o grupo não é outra coisa senão o encontro de humanidades singulares, vive processos resistenciais, contrarresistenciais, de polaridade como forma de autorregulação organísmica.

2. O Grupo como fator de cura

O grupo vive, a todo instante, um conjunto de processos que, visto como totalidade, nos remete a reflexões que nos permitem vislumbrar os caminhos que a mudança percorre para se transformar em cura. Eis alguns desses processos grupais cuja operacionalização está na base de alguns comportamentos que podemos assumir ao propor uma forma de psicoterapia mais curta.

Tendência à solução perfeita, que se manifesta:
- pela vivência das polaridades;
- pela vivência do aqui-e-agora; e
- pela vivência da busca da clareza da Gestalt.

Mudança paradoxal, que se manifesta:
- pela vivência e experiência dos opostos; e
- pela aceitação do risco que a mudança envolve.

Remoção do conflito interno porque:
- torna presente os conflitos não percebidos; e
- elimina os falsos pela vivência direta e não simbólica da realidade.

Busca do sentido do humano e da vida pelas contradições internas experienciadas:
- pela vivência substitutiva das virtudes e pecados do outro;
- pela humilde aceitação das diferenças; e
- pela confirmação da própria dignidade.

Linguagem não como estrutura lógica, mas como palavra, vivendo a palavra:
- como criação do indivíduo;
- como comunicação e comunicado;
- como algo encarnado e criador; e
- como analogia, identidade e equívoco.

Imaginação e fantasia como processo de mudança experienciadas:
- pela vivência múltipla dos mecanismos autorreguladores, sobretudo projeção e introjeção;
- pelo conferir de desejos, motivações e necessidades;
- pela vivência do outro de sucesso e fracasso; e
- pelas tentativas de risco vivenciadas na experiência do outro.

Passagem da relação Eu-Isso a Eu-Tu vivida:
- pelo conferir da realidade objetiva;
- pelo sentir-se na pele do outro e, sem censura interna, escolher o próprio caminho; e
- pelo respeito ao outro ante a impossibilidade de uma aceitação incondicional (utopia) da realidade que vem do outro.

3. O Grupo como prática psicossocial

O terceiro aspecto do grupo sinaliza comportamentos necessários para correspondermos adequadamente às necessidades a que nos propomos atender. Essa visão do grupo está na base de nosso trabalho ao propormos um tipo de terapia que corresponda aos sinais dos tempos, que solicitam respostas para as emergências que a cultura atual nos traz. De algum modo, a psicoterapia de curta duração é uma decorrência natural e necessária de um novo tipo de vida que o mundo atual nos pede.

O ser humano nasce, desenvolve-se e morre em grupo. O grupo é o lugar natural da pessoa.

O grupo repete a vida: briga, ataca, defende-se, é violento, às vezes é amoroso, é reparador. É o fenômeno por excelência.

Vive a espontaneidade do aqui-e-agora, descontraído de teorias, de controles sociais, do medo do julgamento.

O aprendizado grupal é mais totalizador, mais integrado, pois é fruto de uma relação pessoas-mundo mais complexa.

A mudança ocorre mais levemente pelos mecanismos de vivência vicária e, por isso, é mais consistente, duradoura e eficaz.

O grupo é economicamente viável, é mais barato, dura menos tempo – no espaço de duas horas envolve de oito a dez pessoas – e responde mais prontamente a uma demanda da saúde mental coletiva. Em princípio, não tem contraindicação, lida com qualquer tipo de sintoma, desde que o terapeuta seja competente. Responde à demanda da globalização, mais do que nunca inevitável. Nos Estados Unidos, 92% dos gestaltistas fazem grupo. Responde ainda à demanda da física quântica, no que diz respeito à questão da energia como força de transformação, abrindo-se descontraidamente para o novo paradigma.

O grupo é o lugar do contato pleno, porque é ali na relação pessoa a pessoa que a humanidade de cada um se revela na dor, na alegria, na agressividade, no amor, na troca verdadeira.

A psicoterapia gestáltica grupal poderá ter um vasto alcance nas técnicas de breve duração. Temos poucas informações sobre resultados nesta área, embora uma pesquisa de J. Frew (1988) a respeito do uso de grupo em Gestalt-terapia, nos Estados Unidos, revela que, de 248 respostas à pergunta "Você considera o grupo um veículo efetivo e apropriado para a prática da Gestalt-terapia?", 244 em 251 (98%) responderam que sim. A uma segunda pergunta: "Você sente necessidade de uma literatura maior em Gestalt-terapia que focalize o trabalho de grupo?", 210 (91%) responderam sim. Grande parte dos gestaltistas, no mundo inteiro e também no Brasil, é treinada em grupo, em que frequentemente ocorre a psicoterapia de grupo, bem como são psicoterapeutas de grupo.

A psicoterapia de grupo tem sido sempre um grande desafio para o gestaltista, que faz do método fenomenológico seu modo constante de agir. Desafio ainda maior, portanto, parece ser falar de psicoterapia breve de grupo na abordagem gestáltica.

Se o gestaltista não se sente suficientemente confortável com o método fenomenológico para transformá-lo em um instrumento sério e eficiente de trabalho grupal ou não se sente confortável com o trabalho de psicoterapia de grupo, neste caso, não deveria iniciar semelhante trabalho, porque o grupo é um dado, um fenômeno a ser descoberto, não supõe crença e não pode se tornar um momento esotérico.

Estamos num processo de parto, nos achegando, cada vez mais, ao momento do fazer psicoterapêutico. É a hora do fazer e não mais do falar. As ideias foram lançadas. Podemos agora construir pontes entre nossa mente e o mundo que nos cerca, que nos levam a lugares mais visíveis. Imagino que o chão está aí, podemos caminhar com segurança. Não estamos perdidos na fantasia, mas temos horizontes a partir dos quais poderemos caminhar por caminhos sólidos, sem o perigo de nos afundarmos sem retorno, como em terras movediças.

Definição

Gestalt-terapia de grupo de curta duração é o processo por meio do qual o grupo e o psicoterapeuta promovem ações nas quais o grupo como um todo repensa seu caminho, tenta soluções práticas e imediatas para seus problemas, cria novas formas de agir, de maneira clara, espontânea e decisiva.

Objetivos

Criar objetivos *a priori* é uma questão complicada. É como se alguém conhecesse um caminho que, na realidade, ainda não existe. Objetivos são intenções subjetivas de quem planeja e espera que as coisas ocorram realmente como foram previstas.

Por isso, a ciência não supõe surpresas. É obsessiva, gosta de planejar, tem medo de dar grandes passos fora da estrada. Estamos também nesse movimento.

Assim, para que os objetivos grupais se tornem viáveis, é importante agir com o máximo cuidado para se criar um ambiente de

GESTALT-TERAPIA DE CURTA DURAÇÃO

espontaneidade, de liberdade para falar, de segurança, facilitando e incentivando atitudes como:

1. Facilitar para que cada participante se sinta membro de um grupo acolhedor. 2. Ajudar cada um a construir seu próprio eu. 3. Reduzir as opiniões negativas de cada participante sobre si mesmo. 4. Ajudar os participantes a se sentirem responsáveis entre si. 5. Dar a cada um a oportunidade de sentir o prazer de encontrar algo bom nos outros e dizê-lo. 6. Habilitar cada participante para conhecer uma opinião sincera a seu respeito. 7. Propiciar uma base para a intervenção científica dos valores que um indivíduo possui aos olhos dos outros e se estas avaliações têm significados projetivos. 8. Proporcionar um excelente modo de forjar a coesão grupal[6]. 9. Lidar com temas dolorosos, difíceis e perceber que os outros também têm problemas. 10. Re-estruturar a própria vida, a própria pessoa, a partir de como percebe as outras fazendo o mesmo processo.

Podemos dizer que esses são objetivos-condições para que o processo se estabeleça. São objetivos gerais e amplos de qualquer forma de psicoterapia de grupo. Falaremos adiante dos objetivos específicos de cada tipo de terapia.

Procedimentos

Estamos falando de teoria e prática de psicoterapias de curta duração, cujos modelos de funcionamento dependerão muito da visão real e ampla do terapeuta. Entretanto, a eficiência do resultado desse trabalho dependerá de uma série de variáveis que precisam ser cuidadosamente observadas.

A curta duração desses grupos sugere que os comportamentos devem ser precisos, com certo rigor metodológico, tanto da parte do grupo quanto da do terapeuta.

Uma questão fundamental a esses grupos, dada a sua curta duração, é que todos eles deveriam funcionar idealmente como grupos fechados. Grupos fechados quanto ao número de participantes,

JORGE PONCIANO RIBEIRO

quanto à proibição de entrada de novas pessoas e saída dos participantes, e fechado quanto ao tempo de duração, ou seja, uma vez combinado o número de sessões, aquele será o critério de duração adotado. Resolvidas essas questões, as outras normas serão mais fielmente observadas por todos os outros participantes.

Em todos esses grupos, o psicoterapeuta deverá ressaltar a questão do sigilo, do respeito pelos sentimentos do outro, da ética que preside a vida de modo geral, criando um ambiente que permita uma comunicação fluida, sentimentos de desejo de mudança e uma sensação de segurança. O procedimento se faz em função dos objetivos de cada grupo. A criatividade e a espontaneidade do terapeuta centrado no aqui-e-agora determinarão a criação de outros procedimentos necessários em face do que está acontecendo, que pede uma decisão agora.

Podemos fazer algumas observações aplicáveis a todos os tipos de grupos:

- O número ideal de participantes varia de oito a dez pessoas. Os grupos temáticos, dado seu tipo de funcionamento mais programado, poderiam chegar a quinze pessoas.
- Composto idealmente de igual número de homens e mulheres, por uma questão de equilíbrio energético, de distribuição de poder, de facilidade de comunicação e riqueza de posicionamentos.
- Quinze sessões de duas a três horas de duração, dependendo do número de participantes e do tipo de proposta de trabalho, é considerado um número médio. Esse número poderá variar entre 15 e 25 sessões. É importante que a programação dos grupos tenha sempre em mente que estamos falando de uma psicoterapia de curta duração com objetivos específicos.
- Os grupos serão fechados, isto é, as mesmas pessoas começarão e terminarão o processo, com horário e frequência a serem cumpridos rigorosamente, com datas de início e término para todos os membros. Terminado o contrato com relação ao número de sessões, o grupo tanto poderá propor

GESTALT-TERAPIA DE CURTA DURAÇÃO

um novo contrato para uma nova etapa quanto os indivíduos poderão procurar outros grupos, nos quais poderão continuar a lidar com situações inacabadas.

Mais alguns pontos:

1. Entrevista para seleção dos participantes do grupo para cada uma das modalidades. A entrevista será meio caminho andado na previsão de alguns problemas. É ali que se separam joio e trigo. Muitas vezes, isto não é possível porque ambos se parecem, sobretudo, no início. Em todos esses grupos é fundamental que o psicoterapeuta tenha tido contato pessoal com cada um dos participantes. Ninguém pode ser escolhido por telefone. Uma vez que a proposta é um trabalho de curta duração, é importante que se conheça o cliente antes e para qual tipo de grupo estará mais indicado. Estamos trabalhando dentro de uma metodologia precisa. Aqui não devemos esperar milagres, pois milagres nem sempre acontecem.

2. Reunião inicial para conhecimento e entrosamento dos membros do grupo, sob qualquer tipo de modalidade. O psicoterapeuta facilitará o processo de comunicação no sentido de criar um ambiente facilitador da espontaneidade, da permissão para falar, da vontade de curar-se e do sentimento de segurança. Caso sinta necessidade, poderão ser dedicadas duas sessões ao entrosamento do grupo.

Embora essas sessões já façam parte do processo, somente após as reuniões o grupo iniciará seu programa de psicoterapia. É possível que haja alguma desistência, após as reuniões, por motivos internos e externos às pessoas. O terapeuta verá o que é melhor.

Observação: caso se queira usar, nos grupos temáticos, o Ciclo do Contato como programa, roteiro, pontos temáticos de discussão e experiência, tanto no que diz respeito aos fatores de cura quanto aos bloqueios do contato, além da reunião prevista no item 2, deverá ocorrer uma reunião inicial para conhecimento, discussão e possíveis aplicações do ciclo aos interesses do grupo.

Após as sessões de apresentação e de entrosamento, serão montados nove grupos temáticos com os nove níveis do contato, significando caminho de cura, prestando atenção especial ao modo como esses fatores são interrompidos dentro do processo grupal.

3. Terminadas as sessões previstas no programa-contrato ou, no caso das sessões temáticas no Ciclo do Contato, ainda deverão ser feitas pelo menos mais duas sessões com objetivos gerais de avaliação e término do grupo.

Sabemos que não conseguimos fechar todas as Gestalts, sabemos que viver é estar em permanente mudança. Por isso, além de uma questão prática, as sessões são uma questão de revisão de possibilidades para cada um, para que, ao fim de seu processo, cada um possa dizer para si mesmo e para o grupo que basta por ora, ou "vou olhar mais além e recomeçar uma nova caminhada".

Modelos

O grupo pode assumir a forma de uma psicoterapia de grupo, nos modelos tradicionais, observadas, naturalmente, as necessidades internas das pessoas e o tipo de relação que estabelecem entre si.

Pode-se pensar, também, entre outras hipóteses ou modelos, em psicoterapia breve de grupo, temática, preventiva, de soluções de problemas, que passaremos a expor a seguir.

A implementação, o desenvolvimento, a evolução e o término do grupo dependem da questão do tempo que as pessoas entendem permanecer no grupo, das necessidades que as trouxeram até ali e dos objetivos a que se propõem imediatamente. A correlação entre esses diversos fatores cria diferentes tipos de psicoterapia, dos quais desenvolvo alguns, lembrando as observações feitas anteriormente sobre o desenvolvimento desses modelos.

GESTALT-TERAPIA GRUPAL DE CURTA DURAÇÃO

Trata-se de um grupo cujas pessoas não têm um tipo determinado de problema ou sintoma, não apresentam uma queixa clara, mas gostariam de discutir seus sentimentos, emoções, crenças, dúvidas num nível de encontro que proporcione nutrição, alívio e alegria de viver.

É diferente do grupo preventivo porque neste as pessoas se consideram em situação de conforto organísmico e desejam prevenir-se de possíveis mudanças desagradáveis, ao passo que, naquele, os problemas existem de fato e são identificados, embora suas causas estejam diluídas nas demais situações da vida.

A dificuldade de se pensar uma psicoterapia de curta duração neste modelo reside na questão do tempo. Sabe-se que quanto mais diluídos os problemas, mais dificuldades teremos para agir sobre eles porque, neste caso, figura e fundo se fundem, criando uma situação de pouca percepção, na qual as necessidades não emergem com clareza e, por outro lado, não se pode extraí-las grosseiramente do fundo do baú.

Esse grupo se caracteriza pela dificuldade na clareza da comunicação e dos sentimentos. As pessoas estão imbuídas de uma sensação de mal-estar da qual não conseguem se libertar, embora a vida, no seu conjunto, pareça bem. Tende a ser um grupo ansioso, silencioso, seja pela dificuldade de se localizar mentalmente seja por uma necessidade orgânica de se escutarem numa situação privilegiada e protegida.

O tempo curto proposto poderá constituir-se num fator de ansiedade e até de depressão reativa por antecipação. Nesse caso, pode-se rediscutir com o grupo e formular uma nova proposta. É fundamental que as pessoas não percam as perspectivas do tempo como fator responsável pela solução de seus problemas.

Nesse tipo de grupo, o terapeuta:

- facilita o processo, no sentido de evitar racionalizações e coloca o grupo em contato com sua experiência imediata no aqui-e-agora;

- procura generalizar o aprendizado, sempre que possível, ajudando uma reação saudável em cadeia, no sentido de perceber toda a riqueza da comunicação de qualquer pessoa;
- está atento a qual dos três sistemas – motor, sensório-afetivo ou cognitivo – o grupo está mais ligado e explora todas as reflexões que ajudem a expandir aquele sistema mais figural;
- ajuda o grupo a descobrir pequenas e positivas coisas ou atitudes que possam trazer um real prazer e uma autorregulação nutritiva, na certeza da generalização do aprendizado; e
- ajuda o grupo a desenvolver um forte sentimento de inclusão, de tal modo que, com uma reação substitutiva, um possa se sentir curado, mudando por intermédio do outro.

GESTALT-TERAPIA FOCAL GRUPAL DE CURTA DURAÇÃO

Trata-se de um grupo de pessoas que têm problemas concretos, diferentes uns dos outros e de difícil solução, e que desejam discutir amplamente com o grupo novos caminhos de percepções, aprendizagem e solução de problemas.

A característica desse grupo é a assertividade, a clareza e a vontade de sair do conflito. Supõe ainda que as pessoas tenham suporte para encarar de frente os próprios problemas e se encontrem emocionalmente preservadas para fazer opções.

É um grupo no qual se torna fundamental a escuta do outro, a sensibilização pelo outro e pelo que ele traz de dor, de preocupação, de indecisão, de medo.

Não é um grupo social de discussão de problemas e, sim, de experienciação do problema. A mudança ocorre mais rápida e eficientemente quando a pessoa penetra no mundo de sua impotência, de sua incapacidade de solucionar e de aprender com o outro e no outro a encontrar saídas para situações que pareciam impossíveis.

Esse grupo tem uma demanda precisa, tem pressa, deseja solucionar concretamente e de vez determinada situação. Precisa de um lugar sério, com pessoas igualmente envolvidas e desejosas de resol-

GESTALT-TERAPIA DE CURTA DURAÇÃO

ver seus problemas, que querem se entregar confiantemente à prudência, ao bom senso, ao rigor ético para, em conjunto, repensar os fatos e encontrar soluções.

O terapeuta estará atento a cada uma dessas pessoas e aos seus respectivos problemas, sempre procurando ter uma visão de totalidade da pessoa no seu meio ambiente de origem.

O terapeuta estará atento a algumas circunstâncias:

- permitirá que cada pessoa fale exaustivamente de seu problema;
- ajudará o cliente a perceber o que existe de falso e verdadeiro na situação;
- ajudará na discussão grupal da escolha das melhores opções, sempre atento ao que a pessoa quer, ao que ela pode daquilo que ela quer e à sua relação com o meio ambiente;
- ajudará o grupo a dimensionar seus problemas ou sintomas por uma visão esclarecedora, ampla e empática da situação do outro; e
- colocará a discussão sempre numa dimensão existencial mais ampla do que possíveis vantagens que o aqui-e-agora possam fornecer.

Apesar de nenhuma situação poder ser vista isolada de uma totalidade, é importante que o terapeuta seja cuidadosamente o facilitador do tema a que a pessoa se propôs estudar e resolver.

GESTALT-TERAPIA PREVENTIVA GRUPAL DE CURTA DURAÇÃO

Trata-se aqui do mesmo tipo de cliente indicado para a Psicoterapia individual de curta duração. Um cliente sem demanda específica e que se reúne com outras pessoas para discutir o sentido das coisas e da vida, tentando alargar os horizontes de sua consciência, descobrir o valor real do contato, do prazer, da dor, do conviver humano e viver com mais dignidade.

Este é um grupo fechado com contrato explícito, claro, a respeito da frequência e da pontualidade. Ninguém entra nem sai durante o processo, como combinado. Esta condição é fundamental por se tratar de um grupo sem demanda específica. Nessa condição de grupo fechado, as pessoas falam mais livremente e se expõem com mais entrega. Podemos seguir alguns modelos:

1. O grupo fala livremente de sua experiência imediata, daquilo que pensa, que sente. Neste caso, o psicoterapeuta precisa estar atento ao surgimento de processos que poderiam exigir uma metodologia mais longa e que poderiam despertar frustrações e situações inacabadas grupais.

2. Poderá seguir o Ciclo do Contato e Fatores de Cura, fazendo grupos temáticos, envolvendo cada um dos momentos de cura como temas de discussão.

3. O grupo poderá escolher, de comum acordo, alguns temas específicos que serão estudados, tratados, experienciados de acordo com o combinado, como religiosidade, inveja, sexualidade, paixão e outros, os quais serão distribuídos dentro do tempo estabelecido pelo contrato. Idealmente cerca de quinze sessões.

O psicoterapeuta participa mais vivamente nesse tipo de grupo, pode ser mais criativo no uso de metáforas, está atento à singularidade e à experiência imediata de cada um e às do grupo como um todo, facilita o uso de experimentos, prioriza a questão do contato nas suas diferentes formas para maior ampliação da consciência, evita silêncios desnecessários que podem formar resistências e perda de tempo.

GESTALT-TERAPIA TEMÁTICA GRUPAL DE CURTA DURAÇÃO

Os grupos temáticos tornaram-se uma das grandes novidades do momento.

GESTALT-TERAPIA DE CURTA DURAÇÃO

É um tipo de grupo destinado a pessoas que desejam aprofundar-se em determinado tema, cuja complexidade lhes tomaria tempo muito maior de estudo, experiência e reflexão. Supõe uma discussão em que os temas sejam explorados de todos os ângulos: cognitivo, sensório-afetivo, motor e sacro-transcendental. Todas as colocações devem girar sempre em torno do mesmo e único tema. A periferia pode ser igualmente estudada, mas sempre em referência ao tema central, que permanece sempre figura.

Podemos pensar em alguns modelos de grupos temáticos:

1. *Grupos homogêneos quanto ao sintoma:* obesidade, alcoolismo, portadores de câncer, HIV, fumantes, grávidas (embora gravidez não seja doença).

2. *Grupos homogêneos quanto a temas existenciais:* sexualidade, morte, criatividade, religiosidade e outros.

3. *Grupos homogêneos quanto a problemas emocionais:* ódio--amor, solidão-contato, agressividade-mansidão, tristeza--alegria.

4. Grupos de discussão sem apelo ou necessidades especiais, que desejam se encontrar, discutir e aprofundar temas específicos que possam ser nutritivos, com potencial de mudança, e nascem no aqui-e-agora do grupo.

Competirá ao psicoterapeuta apresentar o tema, mantê-lo sempre como figura, cuidar para que a temática se aprofunde cada vez mais, pedir para o grupo falar de sua experiência; evitar que o tema seja abandonado; solicitar propostas de soluções de problema; indicar novos caminhos; pontuar as situações emocionais de medo, fuga, ataque; evitar que o grupo se transforme num grupo social; manter o grupo no presente e em contato com sua experiência imediata. (Ver Ribeiro, J.P. *O processo grupal,* p. 199.)

A atitude do psicoterapeuta funciona como um modelo à vivência da experiência imediata. Provavelmente o grupo se manterá mais consciente, com uma comunicação mais pensada, o trabalho parecerá mais leve e as pessoas se sentirão mais livres para intervir.

Conclusão

A psicoterapia visa a uma ampliação da *awareness* por intermédio do contato pleno com a experiência imediata de cada um e do grupo como um todo. As pessoas, sobretudo aquelas com problemas psicoemocionais, muitas vezes desconhecem seu poder pessoal. Veem seus problemas, o que têm de negativo e sua incapacidade para mudar. Diante desse fenômeno extremamente doloroso e castrante, a psicoterapia de curta duração propõe, finalmente, um programa e algumas tarefas imediatas que, como pistas, podem se tornar valiosos instrumentos de trabalho:

1. Conduzir a pessoa e o grupo a ver seu lado luminoso. Despertar nas pessoas o desejo de tomar posse de si mesmas, do que elas têm de bom, de grandioso, de saudável.

O psicoterapeuta assume uma atitude clara de perguntar ao cliente o que ele vê de bom, de saudável em si. Amplia com ele uma visão maior de suas possibilidades reais, discute sua visão de mundo. Trabalha com ele abertamente suas novas possibilidades e novas motivações.

O psicoterapeuta adotará a mesma atitude no grupo, facilitando para que os membros do grupo falem positivamente de si mesmos e dos outros, sem acanhamento, mas com graça e orgulho de si mesmos. Proporcionará a eles um ambiente de liberdade e de criação, incentivando-os a descobrir em si mesmos e nos outros novas possibilidades.

Não importa o que fica desta fala. Importa, sim, que as pessoas possam se ver com mais alegria e esperança.

2. Facilitar para que a pessoa e o grupo vivenciem um estado de psicoterapia, em que tudo na vida produza saúde e bem-estar.

As pessoas precisam descobrir que têm corpo, que estão vivas. Devem ser levadas a falar claramente da necessidade de se cuidar, respirar, caminhar, alimentar-se cuidadosamente, descansar e dormir. Precisam ter momentos de silêncio e de meditação. Devem encontrar-se com pessoas saudáveis, promover amizades nutritivas e momentos de real prazer, viver sua afetividade e sexualidade de maneira criativa e sem culpa.

Discutir, no grupo, de maneira ampla, como encontrar esses caminhos. As pessoas devem poder mostrar suas fantasias, seus desejos de um amanhã cheio de luz e de graça, mostrar como usam sua coragem, como enfrentam o risco.

3. Trabalhar o sentido da vida-como-um-todo e não como solução de dificuldades ou de problemas.

A vida é uma sucessão de momentos, uns dependendo de nós, outros não. Apesar de sermos muitos (pai, filho, professor, marido), ao mesmo tempo somos também uma unidade integrada, com uma totalidade que nos confere consistência e individualidade. Nossa multiplicidade interior nos dá, às vezes, a sensação de perda de contato, de perda do fio da meada, de perda do sentido de nós mesmos, de uma dupla ou múltipla personalidade. Mas essa multiplicidade interior é também a voz de nossa criatividade querendo tornar-se realidade. É o caminho no nevoeiro. Mais do que ter medo dessa multiplicidade interior, é preciso saber escutá-la, respeitosamente, e acolhê-la.

Deve ser uma preocupação constante do psicoterapeuta discutir com o cliente esse objetivo, essa procura. Achar esse nó da meada ajuda a se localizar no tempo e no espaço, a não se sentir tão perdido.

Talvez a grande pergunta seja: "Para que existo?". Nessa questão, encerra-se o sentido e o mistério da vida. Descobri-la lançará luz sobre nossas pegadas e nosso caminho estará mais sinalizado, permitindo caminhar com mais segurança, mesmo dentro do nevoeiro. É função do psicoterapeuta facilitar essa caminhada de maneira clara e precisa.

O grupo poderá caminhar na descoberta do sentido do estar junto, do dividir a vida, do codividir a dor, a alegria e a esperança. Quando um grupo descobre o próprio sentido do estar junto, talvez tenha descoberto o sentido da própria vida como um todo. Viver é aprender a estar em grupo.

4. Trabalhar o sentido original das coisas, das intuições originárias.

Ao longo da vida, aprendemos a nos distanciar das coisas tal qual elas são. Nós as deformamos. Deformamos o contato, a velocidade, o amor, o sexo, as pessoas. Damos nomes às coisas e elas deixam de ser elas mesmas. A nossa comunicação com as coisas e com as pessoas passa por nossas introjeções do mundo e as projetamos de acordo com nossos referenciais. No entanto, elas se oferecem à nossa contemplação, provocam nossa verdade essencial e interior para nos encontrarmos com elas exatamente como são. Descobrir as coisas e a sua verdade pertence à natureza de nossa humanidade.

O psicoterapeuta deve facilitar, provocar esse encontro. Ele está sempre em contato com o quê, o como, o quando, o para quê, o porquê das coisas. Este é também o caminho do cliente. É uma regra básica da Gestalt-terapia colocar sempre o cliente em contato com o sentido último da própria palavra e com sua experiência emocional dentro e fora da psicoterapia. Isso significa ter acesso às intenções originárias das essências das coisas e de si mesmo. A sessão de psicoterapia deve ser um modelo, uma aula de como experienciar cada momento da vida. O psicoterapeuta participa ativamente dessa aprendizagem, facilitando, dando exemplos, num caloroso encontro com o cliente.

No grupo, o processo é o mesmo. Os participantes interagem, auxiliados pelo psicoterapeuta, na descoberta do sentido último de sua própria fala e da dos outros, a se perceberem emocionalmente, a limparem a comunicação grupal que deve ser viva e ativa.

5. Experienciar as quatro dimensões básicas do existir humano: ser no mundo, temporalizar, espacializar, escolher.

Estar no mundo significa entender que somos um ser de relação, um ser que troca coisas, ideias, sentimentos. Significa entender o tempo e o espaço como nossos aliados, dimensionar a realidade com base no poder que sentimos ter nas coisas e com elas. Significa que sabemos que estamos vivos e o que isso quer dizer. Significa aprender a lidar com o tempo e com o espaço de maneira criativa.

O psicoterapeuta está ativamente presente nesse processo. Ele fala, exemplifica, discute, está ligado à experiência imediata da pessoa, é prudente, não avança, não violenta jamais. Acredita que as pessoas podem muito mais do que imaginam, e, por isso, ele entra sem medo no fluxo da vida com o cliente para onde ele desejar levá-lo. Não tem de escolher quando o cliente já escolheu seu próprio caminho. É ativo, provocante, não tem receio de confirmar a mesma coisa, quando o cliente já está lá. Segue sempre a experiência imediata do cliente no aqui-e-agora da situação psicoterapêutica. Ele nunca está na frente; está ao lado, mas está mesmo. Compartilha sempre.

No grupo, ele é mais ativo, pergunta, informa, propõe, jamais impõe. Pode falar amplamente desses temas para provocar reflexão e amadurecimento às perspectivas do grupo. Solicita como vivem, no grupo, essas dimensões. Facilita a prática de experimentos que propiciem maior consciência do tempo e do espaço no sentido de promover mudanças.

6. Caminhar na direção de uma psicoterapia da totalidade, sobretudo pela compreensão e vivência dos campos que constituem o Espaço Vital da pessoa ou do grupo.

Dividimos para poder compreender; às vezes, dividimos para poder viver. Estamos envolvidos pelas coisas, pelas pessoas, pelas ideias, pelos sentimentos de pertencer a uma realidade infinitamente maior do que nós mesmos. Essa sensação às vezes produz uma experiência de solidão e de impotência. Perdemos, então, o contato com lados poderosos de nosso ser, onde se encontram reservas intocadas, até pelo fato de sermos movidos pelo imediato. Somos seres biopsicossocioespirituais. Cada um desses campos, cada uma dessas dimensões, cada um desses estados existem em nós em plenitude. Às vezes, vivemos um ou outro prioritariamente. De fato, tudo é uma coisa só. Somos um só campo que, como uma flor, se compõe de partes diversas, em absoluta interdependência.

É função do psicoterapeuta colocar a pessoa em contato imediato, ativo, inteligente com cada um desses campos, pois quando um deles está mais frágil, os outros se organizam no sentido de suprir as deficiências do outro. O cliente pode e precisa experienciar a imensidão de si mesmo. É percebendo sua riqueza, suas potencialidades que ele vai poder olhar o mundo exatamente como é, algo que se oferece a um encontro, no qual ele pode se sentir pessoa.

No grupo, as pessoas vivem, em níveis e graus diferentes, cada um desses campos. O psicoterapeuta tem numerosos recursos para sugerir e vivenciar com os clientes.

7. Chamar a vontade em causa como elemento indispensável do processo de mudança.

As pessoas às vezes querem e não podem, ou podem e não querem.

São complexas as relações entre querer e poder. O poder, existencialmente, antecede ao querer. Se alguém não pode, o querer fica prejudicado. Na prática, porém, o querer antecede o poder. A pessoa deve ter claro para si mesma o que quer, se quer ou não. Somente a partir desse ponto, ela vai saber se pode ou não executar sua vontade. As pessoas têm receio de entrar em contato real e profundo com o seu mais íntimo querer, com aquilo que só elas sabem, conhecem, experienciam. Temem entrar em contato com este querer último, com receio de que ele possa acontecer sem o seu controle, ou que querer, de fato, possa significar perder coisas que gostaria de conservar. Ninguém muda se não quer mudar. A mudança não ocorre por acaso nem por decreto. Querer mudar significa estar disponível para assumir surpresas, riscos, prazeres, compromissos que a vida pode apresentar. A pessoa precisa saber onde está para saber para onde vai e se quer ir.

Portanto, lidar com a vontade, com o querer e não apenas com o desejo do cliente é fundamental para a solução real de um problema. É verdade que, para querer, eu preciso primeiro desejar. No processo decisório, primeiro vem a clareza do desejo e depois a concretitude da vontade. Tem de ficar claro para o cliente e para o psicoterapeuta o que eles querem. Só então a mudança se torna possível e viável.

O grupo é mais insistente em definir e em fazer definir o que quer. Assim, tenta clarear ambiguidades e medos da vontade de forma direta, sem subterfúgios. O psicoterapeuta, por seu lado, não perde a oportunidade de apoiar, ampliar e até mesmo de provocar o tema do desejo, da vontade e do poder.

8. Mostrar que o comportamento é função do campo que existe no momento em que ocorre.

Tudo que ocorre e acontece é no aqui-e-agora. Nossa prudência, nossos medos chamam o futuro em causa. Nossa raiva, nossa decepção ou nosso receio de que o bom e o certo não aconteçam de novo nos prendem ao passado. Tem de ficar claro para o cliente e para o psicoterapeuta que só o presente tem poder de mudança, que é no presente que as coisas acontecem e se resolvem. O passado e o futuro nos amedrontam porque não os temos diante de nós. São sujeitos da memória ou da fantasia. O presente, por pior que seja, está ali. Pensando ou não no passado e/ou no futuro, o processo decisório ocorre sempre no presente. A experiência mostra que o confronto com o presente, por pior que seja, é mais leve do que o confronto com os monstros invisíveis do passado ou do futuro.

Estar no presente, viver no presente, sentir o presente deve ser a preocupação do psicoterapeuta e do cliente. "Como você está se sentido agora?", "O que está acontecendo agora?", "Onde você está agora?". Essas e outras perguntas ajudam o presente a recuperar as emoções do passado e a lidar com as do futuro de maneira real e imediata. O psicoterapeuta não deve ter dúvidas disso. Quando afirmamos que o tempo é uma ilusão, estamos dizendo também que o presente jamais é percebido na sua totalidade, e que o passado e o futuro nos escapam, assim como a tentativa de deter o vento em nossas mãos.

O grupo lida melhor com o tempo porque ali o tempo como processo se encontra como um todo. Cada um está em um momento de sua vida, uns no passado, outros no presente e outros ainda no futuro. Essa riqueza e vivência grupal nos dão o diagnóstico e a matriz do tempo como experiência imediata. O psicoterapeuta explora a experiência imediata do grupo sempre que tal fato possa conduzir à autoconsciência.

9. Trabalhar o sintoma, a queixa.

O sintoma é uma situação de compromisso de uma parte com o organismo como um todo. Ele é real, está ali, perturba, confunde, enfraquece, protege, encobre, disfarça. Ele é ruim e é bom. Precisa ser visto exatamente como é, numa dimensão de relação pessoa-mundo.

O cliente precisa compreender a linguagem do sintoma como um processo: o que ele é, para que serve, e se permanecer ou desaparecer o que poderá acontecer. O sintoma "maior", aquele que trouxe o cliente ao consultório precisa ser visto de frente, delicadamente e sem medo. O cliente precisa conhecer em profundidade a natureza de sua queixa, as vantagens e desvantagens, além de fazer contato com sua verdade e com a verdade do sintoma. Sem *awareness* a mudança não ocorre. Mudança é função do contato.

No grupo, as pessoas têm seus sintomas e o grupo cria seu próprio sintoma. Acreditamos que é mais importante trabalhar o sintoma do grupo que aquele das pessoas, embora, na psicoterapia breve, o grupo não tenha tempo de formar seu próprio sintoma e depois trabalhá-lo. Ocorrerá, portanto, prioritariamente a psicoterapia de grupo, menos raramente a psicoterapia individual em grupo, e só circunstancialmente o grupo trabalhará o próprio grupo. O psicoterapeuta facilitará ao máximo a colocação das pessoas, fazendo perguntas, criando oportunidades, respondendo a questões, esclarecendo dúvidas, proporcionando um real aumento de consciência dos problemas e das possíveis soluções, não descuidando do aspecto emocional que as pessoas vivem individualmente e no grupo como um todo.

10. Promover uma sintonia, uma sincronicidade entre o pensar, o sentir, o agir e o falar.

A neurose é o caos entre esses sistemas. Cada um funciona independentemente, embora ocorra a superposição de campos, facilitando ou não a comunicação e a locomoção.

O psicoterapeuta estará atento para não facilitar essa divisão no processo de mudança. O cliente será ajudado na recuperação do sentido original do seu pensar, do seu sentir, do seu agir e da sua linguagem. O psicoterapeuta intervém por meio do "quê" e do "como". A pessoa experiencia o momento presente, no seu pensar, no seu sentir, no seu agir, na sua postura corporal, na sua fala. O psicoterapeuta tem, diante de si, o sintoma personificado, desenhado e, às vezes, esculpido. Cliente e psicoterapeuta têm o que precisam para trabalhar. É preciso dar visibilidade emocional ao sintoma.

No grupo, essa divisão pode se tornar crucial. O psicoterapeuta estará atento a não deixar o grupo voar, fantasiar, criar em cima do nada. Terá de chamar o grupo à realidade de cada pessoa, às dimensões existenciais ali mais presentes, às limitações impostas pelo tempo e pelo espaço, ao desejo e à vontade das pessoas de mudarem o rumo de suas vidas na concretitude dos fatos. Ver e estudar partes, palavras e pessoas, ver como essas partes caminham para uma totalidade significante, como produz consciência individual e grupal, como gera intencionalidade e, posteriormente, ações que, no conjunto, formam o processo-mestre da unidade fenomenológica própria da saúde e do bem-estar.

11. Trabalhar as necessidades imediatas cognitivas e emocionais, a fim de que as locomoções se possam fazer no sentido da saúde e do bem-estar.

Algumas pessoas têm medo de pensar, outras de sentir e algumas têm medo dos dois. Existem necessidades que estão ligadas imediatamente ao processo do pensar, ao processo cognitivo, perceptivo, outras ligadas imediatamente ao processo emocional. Nós as separamos didaticamente. Na realidade, elas andam juntas, uma sendo causa ou origem da outra, não saberia dizer em que ordem. Para cada um de nós ora uma é figura, ora é fundo. É importante começar por aquela que é figura, que tem o poder mágico de nos distrair do fundo, porque ela nos seduz com sua aparente totalidade.

Deve ficar claro para o cliente quais são as suas necessidades imediatas. Muitas vezes, a psicoterapia fica na periferia das coisas e se torna um processo interminável. Todo processo de mudança só ocorre a partir da satisfação de necessidades claras, circunscritas, percebidas. Estamos afirmando que tudo influencia tudo, e na periferia das coisas e da vida encontramos momentos de rara felicidade. Estamos no campo da psicoterapia de curta duração, em que tanto as atitudes do cliente quanto as do psicoterapeuta, sem perder a espontaneidade e a fluidez, devem estar circunscritas ao presente, às necessidades que, como figura, são mais portadoras de dor, de confusão. É preciso que o cliente, abrindo os olhos, tenha uma percepção de si mesmo, reconheça as necessidades falsas que mantêm o sintoma e descubra suas novas fontes de nutrição.

O grupo percebe mais imediatamente a diferença entre as duas necessidades. Alguns se abatem com necessidades de fundo cognitivo e outros com as de fundo emocional.

A comunicação facilitada e orientada em relação às diferenças acaba criando a compreensão da inter e da intradependência de ambos e leva as pessoas a procurarem novos caminhos para pensar, sentir e agir na criação de uma nova pessoa.

12. Facilitar o surgimento do máximo de fluidez em um campo para aumentar a possibilidade de mudanças em tempo mais curto.

Quanto maior for a fluidez em um campo, tanto menor força se exige para que a mudança ocorra. A fluidez diminui a tensão e o medo do risco. As pessoas têm regiões saudáveis e não usadas. Estão ali disponíveis e intocadas. Habilidades e aptidões existem no íntimo de cada um de nós à espera do toque mágico da criatividade.

Uma cliente minha, aos 40 anos, tornou-se excelente artista plástica, pintando com rara originalidade, sem jamais ter pensado em pintar. Em menos de dois anos, suas preocupações econômicas e financeiras se tornaram menores e ela encontrou na arte um momento de suave ocupação.

É importante que o cliente comece pelo caminho mais saudável, pelo mais preservado. O momento da sessão deve ser um exemplo de fluidez, de espontaneidade, de criatividade de ambas as partes. Existem campos nos quais a pessoa não tem medo de si mesma. É aí que se concentram as melhores energias, as valências positivas. Começar por aí é dar grandes passos no sentido de mudar sintomas, criar novas sintonias entre o eu e o mundo e permitir que as mudanças ocorram.

Com a orientação clara, de apoio, de graça e beleza do psicoterapeuta, o grupo torna-se seguro de si mesmo. A vontade de mudar torna-se mais clara; o poder de mudar parece mais acessível. Fluir significa deixar o grupo movimentar-se a partir de si mesmo, olhar-se sem acanhamento e acreditar que somos mutantes por natureza. O psicoterapeuta tem um papel decisivo nesse processo, facilitando o fluir grupal, sendo ele mesmo, estando presente, sendo afetivo, facilitando o contato, a comunicação, estando ali por inteiro como pessoa.

Recado final

Observar a regra básica da Gestalt-terapia: ver, observar, descrever, interpretar, no aqui-e-agora, em um campo dado, o fenômeno imediato.

Esse é o comportamento do psicoterapeuta e do cliente. Se ambos seguirem essa regra básica, o processo de mudança ocorrerá.

Ambos devem ver, observar, descrever e sintetizar a realidade por intermédio dos processos contidos nesses doze pontos anteriores como um roteiro de ação.

Há pessoas realmente envolvidas com outras pessoas, desejando que ocorra mudança para melhor em curto espaço de tempo. Às vezes, a mudança para melhor não ocorre. Em certos casos, esperamos que raros, ocorre uma mudança para pior. Psicoterapeuta e cliente têm de estar atentos para essa hipótese.

Movimenta-nos, entretanto, a esperança, o amor a nós mesmos, o desejo humaníssimo de felicidade, de paz, de encontro nutritivo com outras pessoas. Não importa nem mesmo o que vai acontecer, importa que tentemos, acreditemos na mudança, nos sintamos imersos na esperança, nunca desistamos, tenhamos sentimentos de compaixão para com o universo, tenhamos sentimentos de gratidão para conosco mesmos, para com o mundo e para com Deus.

Era uma vez uma floresta linda que estava se incendiando. Animais e pássaros assustados corriam e voavam por todos os lados. Um beija-flor, no entanto, voava até um rio, trazia uma gota d'água no bico e a jogava no fogo. Os outros animais o olhavam boquiabertos. Aquilo era simplesmente um absurdo! Um deles parou na sua corrida e disse ao beija-flor:

– Beija-flor, não vês que não podes apagar o fogo da floresta com uma simples gota d'água que trazes em teu bico?
Ao que o beija flor respondeu:
– Estou fazendo minha parte.*

---

* O autor pede desculpas ao autor da história seja pela forma simples de expressá-la, seja por não poder se referir bibliograficamente ao seu criador.

Apêndice
Normas para a execução de um programa

GESTALT-TERAPIA DE CURTA DURAÇÃO

Introdução

A Gestalt-terapia é uma proposta holística e ecológica de compreensão do viver humano. Baseia-se no princípio holístico de que Tudo afeta tudo, que Tudo muda, que Tudo é um todo, e de uma visão ecológica como uma proposta de conectar, enquanto tentativa do homem de viver internamente uma relação harmoniosa com o meio ambiente que o cerca. Esta introdução pode ser considerada uma provocação holística e ecológica, no sentido de, por um lado, dar instrumentos teóricos e práticos ao psicoterapeuta, para que possa atuar com segurança; e, por outro, tentar dar à pessoa humana, no mais curto espaço de tempo, respostas que efetivamente a façam pertencer a si própria e ao universo de maneira integrada, e vice-versa. Isto é, poder sentir o universo como um todo, como cúmplice, como uma resposta viva às suas necessidades de amar e trabalhar com alegria. Estamos propondo um novo paradigma: *o universo como instrumento de cura.*

A Gestalt-terapia – cujo método propõe viver a experiência imediata do aqui-e-agora, num processo de devir e advir, como resposta ao nosso instinto de autopreservação – não pode fugir à incumbência de responder sem medo, de forma pronta e adequada, à experiência imediata de milhares de pessoas que esperam desesperadamente encontrar, o mais rápido possível, resposta e solução para os seus males.

As questões do comportamento humano, temporalidade, espacialidade, movimento e mudança não funcionam numa relação de causa e efeito. O ser humano, na sua dinamicidade, transcende essa linearidade.

Psicoterapia de curta duração é uma questão atual. Chegou para ficar e tem sido objeto de estudo com base nos mais variados pontos de vista. É, com certeza, uma das grandes trilhas dos novos tempos. Sente-se, claramente, um movimento contínuo e consistente no sentido de uma nova forma de psicoterapia que responda melhor às necessidades dos tempos atuais. A pressa, as dificuldades econômicas, a violência, o surgimento de novas doenças, enfim, uma série de modificações no planeta e do planeta tem obrigado o homem a repensar a questão da psicopatologia do cotidiano e da psicoterapia, principalmente, sob dois aspectos: o do tempo e o de uma propalada profundidade que exigiria tempo para que o processo de mudança ou de cura se fizesse.

Tempo e profundidade pareciam ser indissociáveis. Dizia-se que para realizar uma psicoterapia profunda, de re-estruturação, se precisava de tempo. A prática, porém, tem mostrado que a ligação de causalidade entre duração de tempo e profundidade não procede, pura e simplesmente, contendo, apenas, parte da realidade, pois o tempo psicoterapêutico não passa pela questão da duração, mas da experiência e vivência do tempo vivido. O tempo e o espaço vividos fogem à regra de qualquer previsibilidade. Quando a emoção ou a consciência emocionada está presente, tudo pode acontecer em frações de segundo. A psicoterapia de curta duração de que estamos falando privilegia o processo de mudança, mais do que o de cura, por meio da experiência emocional corretiva, que ocorre, mais fluida e facilmente, quando se usa a vida da pessoa como um todo e não seu sintoma como instrumento de cura.

Um terceiro elemento impõe-se, uma psicodinâmica intersubjetiva, isto é, a relação do homem com o seu meio ambiente, que precisa ser chamado em causa, transformando-se em fonte de problema, quando não se presta atenção a ele, e de solução, quando é chamado em causa para ajudar. Estamos chamando em causa o terceiro essencial da definição de pessoa,

GESTALT-TERAPIA DE CURTA DURAÇÃO

animal-racional-ambiental. A ambientalidade, terceiro essencial, cujo conteúdo é: tudo de que a pessoa humana precisa para viver entra, necessariamente, na sua definição, ou seja, todos os componentes do meio ambiente. A Gestalt-terapia de curta duração, para ser eficiente, tem de lidar com todas as variáveis possíveis, as quais podem interferir no processo de ajustamento criativo da pessoa. Tudo tem de ser chamado como instrumento, como meio de reconduzir a pessoa ao lugar do qual ela saiu. O sentido de totalidade aqui é fundamental, nada pode ser deixado de lado, pois a doença vem, exatamente, por intermédio das coisas que foram deixadas de lado. O ambiente, parte essencial na constituição da pessoa humana, precisa ser chamado em causa.

Além do mais, o tempo e o espaço não podem ser vistos sob a questão da economia do tempo, porque o processo psicoterapêutico está além desses vetores ou variáveis. As pessoas não têm mais tempo de ficarem anos, em psicoterapia, procurando solução para suas dificuldades. Novas formas de psicoterapia são necessárias para que, sem perder a qualidade, deem respostas adequadas às necessidades imediatas das pessoas.

Estamos considerando uma forma de psicoterapia de curta duração, na qual a pessoa, em si, está imbricada no e pelo seu meio ambiente como um todo, de tal modo que um não possa ser pensado sem o outro. Ambos, pessoa e meio, constituem o centro de convergência de toda a ação psicoterapêutica. Não se trata de um momento de poder psicoterapêutico, mas, antes, estamos falando de um tipo de psicoterapia em que a pessoa é convidada a ampliar sua percepção ao infinito, a olhar as coisas exatamente como são, a descobrir suas possibilidades e nelas se ver possível e realizável na vida.

Estamos pensando em estar com essa pessoa de maneira simpática, empática e incluída, isto é, por inteiro, terapeuta/cliente/meio ambiente intra-relacionados, de maneira que o contato entre eles seja o instrumento realmente transformador e que o desejo do psicoterapeuta seja apenas aquele de estar ali inteiro, sem prevenção, sem prejuízo, imerso na experiência imediata da pessoa e profundamente consciente da sua, de tal modo que o objetivo psicoterapêutico seja a ampliação dessa experiência humana, independente de para qual lado caminhe o resultado.

Nosso instrumento de trabalho na Gestalt-terapia de curta duração é o método fenomenológico que, longe de ser um processo deixar-fazer ou

205

JORGE PONCIANO RIBEIRO

de uma neutralidade silenciosa, chama em causa a liberdade e a responsabilidade do cliente e do psicoterapeuta.

Sabemos que ambos, psicoterapeuta e cliente, são humanos: eles sentem, choram, têm raiva, têm medo, se arriscam, erram, pensam, fazem hipóteses, têm sensações, emoções e desejos que, às vezes, não podem ser confessados. A psicoterapia é um encontro assim, tudo isso está presente não como problema, mas como meio de mudança, sabedores que somos de que tudo afeta tudo e, ao nos darmos conta emocionalmente de tudo isso, tudo isso vira um Todo transformador. Isso não significa que vamos misturar nossas coisas com as do cliente, que vamos transformar o encontro num encontro social. Isso significa que, no encontro psicoterapêutico, essas coisas são testemunhas de nossa humanidade e que estar na experiência imediata nossa e do outro é ter uma consciência emocionada dessas dimensões.

Estamos em um imenso campo biopsicosocioespiritual e temos de nos relacionar com nosso interior como seres que têm corpo, uma psiquê, um social e uma dimensão transcendente. Se essas quatro dimensões não estiverem presentes no ato psicoterapêutico, o encontro não ocorre, a consciência não se amplia, a totalidade não se faz e o fenômeno é renegado.

Estamos trabalhando com a máxima do holismo: Tudo afeta tudo, Tudo muda, Tudo é um Todo. Esses princípios nos fornecem os parâmetros por meio dos quais usamos o método fenomenológico. Estamos falando da interdependência, da impermanência e da transcendência de todas as coisas, sobretudo, no nosso contexto, das coisas humanas. É dentro dessa visão holística e, consequentemente, gestáltica de mundo que pensamos a possibilidade de uma terapia de curta duração.

Não é a ação psicoterapêutica que tem de ser pensada como curta, breve ou emergencial. É a pessoa que precisa viver e conviver com um processo e com um método que lhe permitam, em um curto espaço de tempo, poder respirar liberdade e vida.

O método fenomenológico supõe presença, participação ativa na apreensão do objeto em questão, redução fenomenológica ou busca da essência, intencionalidade e ação. Não supõe sugerir autoritariamente, impor, mandar, decidir pelo outro, embora conviva com a sugestão, com a explicação, com a proposição, com a focalização do objeto e com a participação na experiência imediata do outro.

206

Estamos pensando em um sistema de psicoterapia no qual, de um lado, a pessoa possa se sentir inteira, participando de seu processo, usufruindo de sua liberdade de ação e decisão; e, do outro, o psicoterapeuta esteja por inteiro na relação sem perder seus referenciais teóricos, sendo ativo sem ser intruso, sendo direto sem ser autoritário, sendo presente sem ser sufocante, atentando à experiência imediata sem impor nada, confrontando sem tirar a liberdade do outro de decidir.

Alicerçada nas teorias de base, a Gestalt-terapia busca, em cada teoria, seu suporte conceitual para, num segundo momento, operacionalizá-la. Aqui falamos da fundamentação, não apenas da abordagem gestáltica, como da Gestalt-terapia e também da Gestalt-terapia de curta duração individual e grupal, com base na qual nossa abordagem tem uma sustentação epistemológica, se faz compreensível como uma ciência, uma arte e uma técnica.

Teorias de base	Formas de contato
Psicologia da Gestalt	Conteúdo: estudo da percepção, da aprendizagem e da modificação de comportamento por meio de *figura-fundo, parte-todo, aqui-e-agora*.
Teoria do Campo	Conteúdo: organizar-se nos diversos campos por meio de *Espaço Vital, zonas centrais e periféricas*, fronteira e contorno, locomoção, vetores, equilíbrio, força.
Teoria holística	Conteúdo: perceber-se como relacional e em inter e intradependência da realidade por meio de *todo, totalidade, séries evolutivas, tempo, espaço, movimento, perspectiva*.

Filosofias de base	Formas de contato
Humanismo	Conteúdo: perceber-se como capaz, competente, validado, no e do mundo: por *cuidado, presença, ajustamento criativo, awareness, relação complementar*.
Existencialismo	Conteúdo: descobrir e experienciar o sentido da própria existência: por meio de *corpo, tempo, espaço, self, essência, existência, liberdade, responsabilidade, cuidado, escolha, presença, liberdade*.
Fenomenologia	Conteúdo: perceber a realidade assim como ela é, perceber-se como se é e relacionar-se sem apriores: por conceitos como: *subjetividade, intencionalidade, sentido e significado, redução fenomenológica, fenômeno*.

JORGE PONCIANO RIBEIRO

Gestalt-terapia individual de curta duração

Gestalt-terapia individual de curta duração é um processo no qual cliente e psicoterapeuta se envolvem em soluções imediatas de situações de qualquer ordem, vividas pelo cliente como problemática, utilizando todos os recursos disponíveis, de tal modo que, no mais curto espaço de tempo, o cliente possa se sentir confortável para conduzir sozinho sua própria vida.

O processo da Gestalt-terapia de curta duração é sempre um processo a duas mãos. O psicoterapeuta se faz corresponsável pela solução dos problemas do cliente. Psicoterapeuta e cliente vivem, cada um ao seu modo, a experiência de um mesmo campo. Assim, compete ao psicoterapeuta, junto ao cliente, identificar e estudar as áreas afetadas na e pela sua conduta e propor os caminhos de uma solução por meio de alguns princípios básicos, como:

- saber que a pessoa é um campo diferenciado e que locomoções físicas e psíquicas ocorrem, desde que encontrem motivações para tanto; conhecer as necessidades de alguém é conhecer suas motivações;

- saber que a fixação no sintoma depende da relação que se estabelece com necessidades pessoais e que, quando se modificam as emoções a respeito de determinado comportamento, quase sempre se muda o próprio comportamento;

- saber que mudanças são de caráter qualitativo e que é preciso criar motivos novos, intensos, para que surja um novo equilíbrio. O cliente precisa encontrar razões para querer mudar e acreditar que o resultado vai valer a pena;

- saber que a pessoa é um sistema integrado, no qual tudo afeta tudo, e que mudar é se ver como encontro de possibilidades. É preciso que a pessoa entenda a importância de novos caminhos, porque, na neurose, a pessoa termina perdendo a espontaneidade de mudar;

- saber que as mudanças ocorrem tanto de dentro para fora quanto de fora para dentro, e que isso depende da reação que acontece dentro do

GESTALT-TERAPIA DE CURTA DURAÇÃO

campo de vida da pessoa. Às vezes, é mais fácil produzir uma mudança de fora para dentro do que de dentro para fora;

- lembrar que o comportamento depende das emoções que a pessoa está vivendo e que descobrir a função dinâmica das emoções sobre o comportamento é descobrir o caminho da saúde;

- lembrar que a estrutura de uma pessoa pode apresentar relativa estabilidade, durante certo tempo, mas que isso não significa uma autorregulação positiva e que introduzir mudanças é criar possibilidades de modificação e de renovação;

- lembrar que a pessoa precisa ser cuidada, ajudada para encontrar vantagens em mudar, sobretudo porque as pessoas não mudam quando querem, mas quando podem.

A Gestalt-terapia de curta duração está centrada no paradigma de que tudo na natureza está em relação com tudo, nada é solto ou solitário e que o Todo é um guardião das partes, por isso acreditamos também que um sintoma não é o único caminho que nos pode levar de volta à saúde perdida. Formamos um grande sistema, uma estrutura fantástica, em que todas as partes respondem subsidiariamente umas pela outras, donde provém a afirmação de que o Todo é diferente e maior que a soma de suas partes e a afirmação de que, na natureza, Tudo é um Todo, nada é isolado. Essa concepção funda nossa metodologia e técnica. É a inter e a intra-relação entre todas as coisas que nos retira da tirania da linearidade, da causalidade como explicação de tudo, da relação tempo-espaço e profundidade. O universo procede de modo diferente, e nossa ambientalidade nos garante que, como partes integrantes do universo, participamos da mesma força sintética que tudo cria e recria.

O homem, a duras penas, começa a compreender que não pode tocar, impunemente, nas partes, porque a totalidade responde em conjunto e que, de outra parte, a totalidade responde também agradecida, quando privilegiamos alguma parte de modo respeitoso, amoroso.

Estamos falando de uma visão fenomenológica e estrutural, na qual o conceito de totalidade funciona como uma bússola, que indica sempre por onde começar e como compreender a realidade do cliente e de seu mundo e como lidar com ela. Estamos dizendo que pessoa, sintoma e meio ambiente não podem ser pensados isoladamente. Estamos dizendo que o sintoma é figura de um fundo complexo, muitas vezes, uma tentativa provisória de solução de problemas que só poderão ser desvendados a partir do momento em que a pessoa for vista sempre na sua relação com o mundo, pois só por abstração é possível separar pessoa, sintoma e meio ambiente. Não conseguiremos salvar um sem o outro, ou os três estão sadios ou estão doentes.

Na medicina e na psicoterapia breve tradicional, o sintoma é visto e tratado, muitas vezes, como figura, como uma parte no todo, mais do que como uma parte do todo, quase como algo com processo próprio. Na nossa perspectiva, há uma inversão. O sintoma passa a ser fundo, e a vida da pessoa, como realidade total emergente, passa a ser figura, ou seja, é a vida das pessoas e suas circunstâncias que estão em processo. Como o corpo segue a lei da preferência, será a relação corpo-mente-mundo que nos dará a pista para nos aproximarmos da pessoa como realidade total. Estamos, de novo, falando dos três essenciais: *animalidade*, por intermédio do sentimento, da emoção, dos afetos; *racionalidade*, por meio da vontade, inteligência, memória; *ambientalidade*, pela experiência e vivência do meio ambiente, da utilização respeitosa e amorosa dos recursos que o universo nos oferece.

A Gestalt-terapia de curta duração deverá ser pensada e o programa psicoterapêutico feito, montado, também como decorrência de quatro outros elementos: o *cronológico*, no qual as três dimensões do tempo – passado, presente e futuro – têm um papel importantíssimo no planejamento do aqui-e-agora psicoterapêutico; o *experimental*, que nos proporciona uma visão clara *do que* está acontecendo e *quais* são as necessidades do cliente; o *experiencial*, que nos informa *como* o cliente está vivendo seus problemas atuais; e o *existencial*, que nos informa os valores, as crenças com que a pessoa está vivendo, o sintoma que a preocupa.

A literatura, sobretudo a psicanalítica, afirma que a psicoterapia breve é mais uma psicoterapia corretiva, sintomática, reparativa do que reconstrutiva da personalidade, pois seu tempo programado é breve e porque se

GESTALT-TERAPIA DE CURTA DURAÇÃO

acredita que exista uma certa incapacidade da pessoa de produzir mudanças reconstrutivas em um curto espaço de tempo. Esse é um discurso centrado no sintoma e que perde a perspectiva do poder pessoal da pessoa de se modificar, bem como desconhece a influência dos fatores ambientais na produção de mudança.

Quando falamos em Gestalt-terapia de curta duração, falamos em montagem de um programa, quando, em realidade, uma atitude não pode ser uma coisa programada, não pode ser *a priori* uma proposta de como agir diante de uma pessoa que nos traz uma situação. Uma mudança deverá ser algo que vem de dentro, fruto de muita reflexão e de experiências acumuladas e que emana do mestre que existe dentro de cada um de nós. Quando falamos em programa, estamos pensando em uma atitude original, reciprocamente amorosa, que nasce de um encontro voluntário, consciente e livre entre duas pessoas, e do olhar na mesma direção.

Estamos pensando um sistema de psicoterapia no qual, de um lado, a pessoa possa se sentir inteira, coparticipando de seu processo, usufruindo sua liberdade de ação e de decisão, e, do outro, o psicoterapeuta esteja inteiramente na relação, sem perder seus referenciais teóricos, sendo ativo sem ser sufocante, estando atento à experiência imediata sem impor nada, confrontando sem tirar a liberdade do outro de decidir.

O método da Gestalt-terapia de curta duração parte de uma visão de totalidade da situação vivida pelo cliente, não obstante sua procura ser em função de determinado sintoma ou necessidade. Tratar só o sintoma, tentar resolver só a demanda imediata do cliente, deixando de lado o significado do sintoma, é caminhar na contramão do processo de mudança e talvez de cura. Embora o cliente traga uma questão específica ou um sintoma, é a pessoa que está em questão, ela e suas circunstâncias. O sintoma é quase uma abstração, se pensado isolado na pessoa, porque ele não tem vida própria.

Quando temos uma postura autêntica de contato e uma cuidadosa presença com qualquer pessoa, sobretudo com nosso cliente, podemos encontrar a estrada do meio, que é entrar sem arrombar, semear sem esperar ter de colher, dar as mãos sem conduzir, permitindo ao cliente perceber-se como condutor da própria vida.

JORGE PONCIANO RIBEIRO

Todo cliente tem expectativas do que lhe possa acontecer durante seu processo de psicoterapia. E a própria psicoterapia tem, em princípio, seus objetivos, que podem ser os mais diversos.

1. *Aqueles mais existenciais*, como o resgate da capacidade de se querer bem, de se ver como possível, de se ver maior do que realmente se sente, de solucionar dúvidas e questionamentos que preocupam e cujos resultados não são diretamente visíveis ou observáveis.

2. *Aqueles experienciais*, que são objetivos comuns de qualquer forma de psicoterapia, porque fazem parte de nossas carências cotidianas, como: a) aliviar a dor; b) ajudar a pessoa a lidar consigo mesma e com os outros de forma espontânea e criativa; c) despertar o prazer e a alegria da vida; d) aumentar a autoestima e a autoimagem numa perspectiva de maior contato; e) ensinar a pessoa a olhar o mundo e a descobrir nele sua fonte maior de nutrição; e f) aprender a compartilhar o que é bom, administrar as diferenças e conviver criativamente com problemas que não consegue resolver.

3. *Aqueles experimentais*, que estão mais dentro do contexto e da natureza da Gestalt-terapia de curta duração, que envolvem objetivos mais claros e diretos, cuja solução pretendemos alcançar o mais rápido possível, dentro do contexto da expectativa, do desejo e da necessidade da pessoa.

Critérios de seleção

O método fenomenológico, nosso instrumento principal de trabalho, jamais dispensa a atenção cuidadosa do psicoterapeuta, seja a partir dos fundamentos teóricos em que se baseia, seja em outras circunstâncias, quando, em certos casos, ele poderia precisar optar pelo mais urgente, pelo mais prático, pelo mais factível. Às vezes, é importante transgredir uma norma para salvar a essência das coisas e das pessoas.

Os critérios de seleção constituem uma parte importantíssima do processo de mudança do cliente, porque, quando bem-feitos, evitam uma série de problemas e nos facilitam pensar em um programa mais funcional.

212

Critérios da parte do terapeuta

1. Estar disponível inteiramente para o encontro com o cliente. Perceber que se sente livre para agir diante do problema do cliente, sem medo, sem angústia, sem preconceito.

2. Perceber que pode cuidar do caso e se sentir livre para um contato real com o cliente.

3. Ter claro, em cada caso, que o objetivo terapêutico é capacitar o cliente para a mudança e a ampliação de sua consciência, independentemente de qual seja o resultado.

4. Ser sensível à necessidade objetiva do cliente, percebendo qual é o foco do sofrimento mental que o perturba.

5. Sentir-se capacitado para conduzir o caso.

Da parte do cliente

1. Perceber que o cliente tem capacidade para iniciar o trabalho e apoio interno para viver novas mudanças em um curto prazo de tempo.

2. Compreender que o cliente, em princípio, tem condições de levar adiante as mudanças da terapia.

3. Notar que o cliente está motivado para mudar e que não confunde o real com o imaginário.

4. Observar se o meio ambiente do cliente pode ajudá-lo na mudança.

Obs.: 1) Essas regras valem tanto para a seleção individual quanto a de grupo; 2) No que diz respeito ao grupo, é fundamental que o terapeuta sinta que o cliente está cognitiva e emocionalmente preparado para o grupo, cujo processo pode exigir mais de cada um; 3) No caso do grupo, o terapeuta precisa sentir-se preparado para a condução do grupo; 4) Na dúvida, não ultrapasse. Se não tiver certeza se inclui ou não a pessoa, deixe o cliente fora do processo, o que é uma proteção para o terapeuta e para o cliente.

Montagem do programa individual

- A Gestalt-terapia individual de curta duração é um método montado com base em um estudo da vida do cliente como um todo, e nasce da percepção, prática, intuição e pesquisa do terapeuta a respeito do sentir, do pensar, do fazer e do falar do cliente. O psicoterapeuta organiza o programa cujo conteúdo lhe foi apresentado pelo cliente, não inventa nada. É um trabalho a quatro mãos.

- A montagem de um programa de psicoterapia supõe alguns procedimentos ou passos iniciais, sendo que esses procedimentos, por sua vez, devem ser considerados parte do próprio processo terapêutico:

1. Entrevista inicial:

A entrevista tem a finalidade de levantar o maior número de dados a respeito do cliente. Normalmente, duas entrevistas com duração entre sessenta minutos e duas horas são suficientes.

2. Análise do conteúdo:

a) Após as entrevistas iniciais, o terapeuta fará uma análise sucinta do conteúdo das entrevistas, fará esse estudo sozinho, gastando o menor tempo possível para que o processo não se interrompa. Esse estudo visa isolar todos os temas conflitantes que o cliente lhe apresentou. É como se fosse um mapa da situação de vida do cliente como um todo. Deverá isolar tantas *unidades de sentido* quantas forem possíveis para posterior discussão com o cliente; b) Selecionadas essas unidades de sentido (medo, risco, busca, coragem, alegria, amor), o terapeuta fará duas listas *completas* desses conteúdos, na ordem que lhe parecer melhor, para análise e discussão com o cliente. Uma lista conterá o que lhe pareceu "negativo"; e outra, o que lhe pareceu "positivo", na situação do cliente estudada por ele.

3. Entrevista de devolução:

O terapeuta apresentará ao cliente o resultado de sua pesquisa. Discutirá com ele, uma por uma, todas as unidades de sentido, ou seja, os *temas-sintomas*, deixando claro o conteúdo de cada "problema", para que ambos componham a ordem das sessões de acordo com a ordem dos conteúdos encontrados. Ambos falarão ou discutirão os temas (*medo, dificuldade de lidar com o poder, baixa autoestima e outros*), compondo, em seguida, duas listas de nove assuntos principais. Utilizará para isso uma ou duas sessões de noventa minutos a duas horas, conforme a necessidade do cliente de ter clara a montagem do programa.

4. Tema central:

Após o estudo de todos os temas analisados, será encontrado o tema central, como uma redução fenomenológica, como um sintoma principal, por exemplo: "**busca**", do lado positivo e "**medo**", do lado negativo, como sendo os carros-chefe, a alma dos problemas estudados. E todos os temas das sessões serão sempre vivenciados com relação a esse tema central, por exemplo: *busca e medo, busca e risco, busca e religião, busca e baixa autoestima* e assim por diante.

5. As sessões:

O cliente receberá uma lista da ordem dos temas, positivos e negativos, discutida e estabelecida por ambos para que ele prepare sua sessão, ao longo da semana. O terapeuta poderá indicar livros, poesias, filmes, cantos, tudo, enfim, que possa ajudar o cliente a experienciar melhor o tema da próxima sessão. Será discutido um tema por sessão e as sessões serão cerca de nove ou dez. O cliente poderá escolher para seu programa os temas negativos ou os positivos, e isso também será objeto de discussão (o porquê da escolha de um e não de outro). Nada impede que se misturem as duas listas e que delas se faça um só programa.

6. A ordem das sessões deverá ser observada rigorosamente. Se, a meio caminho do processo, descobre-se que o programa não está adequado, ele é interrompido e organiza-se outro.

7. Terminado o programa, pode-se retornar a um tema, já estudado, para um maior aprofundamento.

JORGE PONCIANO RIBEIRO

8. Se durante o programa ocorrer um acidente – por exemplo, morte – e o cliente quiser dedicar alguma sessão no tratamento desse tema emergente, interrompe-se o processo e, o quanto possível, o tema emergente será também tratado sob o prisma do tema central – no caso "busca e morte".

9. Terminado o programa, duas sessões serão dedicadas para avaliação do programa executado.

10. Às vezes, terminado o programa que correspondeu a uma situação de emergência, o cliente poderá, caso queira e sinta necessidade, completar seu tratamento com algumas sessões individuais.

11. Após cerca de um mês, o cliente voltará para uma avaliação do processo vivido.

Gestalt-terapia de grupo de curta duração

Gestalt-terapia de grupo de curta duração é o processo por meio do qual grupo e psicoterapeuta promovem ações, nas quais o grupo como um todo repensa seu caminho, tenta soluções práticas e imediatas para seus problemas, cria novas formas de agir, de maneira clara, espontânea e decisiva.

Terapia gestáltica de grupo de curta duração é, antes de tudo, um desafio. O grupo apresenta particularidades no seu *autoprocesso de construção* que precisam ser levadas em conta, sobretudo porque, considerando o tempo que se propõe para um programa grupal, fica difícil o surgimento da matriz que, de algum modo, é o processo que facilita a mudança em grupo.

Não é sem razão que mudamos o nome de "terapia breve" para "terapia de curta duração", visando tirar o estigma do tempo que a palavra "breve" sugere mais que a palavra "curta". Na verdade, não pensamos em tempo cronológico; quando propomos esse tipo de psicoterapia, pensamos em tempo e espaço vividos, que fogem a qualquer tipo de medição. A *Teo-*

ria do Campo, a *Teoria Holística* e o *Método Fenomenológico*, por meio de operacionalização de seus conceitos, nos fornecem instrumentos para estarmos inteiros com o cliente. Por meio do resgate de sua experiência imediata e de seu ajustamento criativo pessoa-meio ambiente, o cliente relê sua vida e encontra um novo significado para as coisas antigas.

É a emoção que muda as pessoas, não o tempo; e não estamos trabalhando com o conceito de cura, mas de mudança. O grupo, por meio do fenômeno de cura *universalidade* e da aprendizagem *vicária*, é o meio ideal para que as pessoas re-signifiquem suas vidas e encontrem graça em estar vivendo. O terapeuta de grupo é um facilitador desse processo.

O terapeuta de grupo de terapia de curta duração, mais do que outros terapeutas, tem de estar atento a uma série de variáveis que interferem no processo de mudança das pessoas, do qual ele é o administrador. Não basta conhecer esses princípios, é preciso acreditar neles: acreditar que, se observados, a terapia poderá ter sucesso; mas poderá ser um fracasso, se forem uma literatura na qual apenas se movimentam.

a) *O grupo é o terreno sobre o qual a pessoa se sustenta.* Na vida, como na terapia, a estabilidade ou a instabilidade do comportamento do indivíduo depende de sua relação com o grupo. A procura pela coesão grupal será o principal esforço que o terapeuta deverá fazer, para que o grupo, mesmo não constituindo uma matriz, possa experienciar certo nível de inclusão.

b) *O grupo como instrumento.* O grupo não é uma abstração. Uma vez constituído, o grupo procura agir como grupo. Essa tendência à síntese é um fenômeno cósmico de toda a natureza, e o grupo procura satisfazer as necessidades físicas e sociais de seus membros.

c) *O grupo como totalidade, do qual o indivíduo é parte.* Uma mudança na situação do grupo afeta diretamente a situação do indivíduo e vice-versa. Os membros de um grupo, por si, não formam um grupo. É preciso uma intra-relação grupal, isto é, uma inclusão recíproca dos membros para que ele se transforme em grupo. O grupo é criador quando ele forma uma unidade de mudança.

d) O grupo como parte do Espaço Vital. Para o indivíduo, o grupo é parte do Espaço Vital em que ele se movimenta. O grupo repete a vida, e esta é a força da terapia de curta duração que, como em um filme, em poucos minutos, a vida acontece assim como ela é, ocorre diante de seus membros. Não é uma sala que faz o grupo funcionar, muito menos o tempo. É o descobrir o outro, descobrir que se está no mesmo barco é que faz que as pessoas se entreguem à procura da solução de seus problemas. É a motivação que modifica o grupo e não um simples programa.

O processo psicoterapêutico de curta duração em grupo deve ser pensado como algo que ocorre em um campo de forças, contendo valências positivas e negativas. O grupo tem um movimento que independe de seus membros. O grupo transforma-se numa realidade por si, numa entidade, embora não esteja imune às individualidades de cada um de seus membros; antes, estas são decisivas na formação da sua matriz. Quando dizemos que "Tudo é um Todo", estamos dizendo que o grupo tem uma vida independente da soma quantitativa de suas partes e que, em certos casos, o grupo, tendo vida própria, pode funcionar à revelia da vontade de seus membros.

O processo psicoterapêutico visa criar um Espaço Vital grupal, em que cada Espaço Vital singular, sem perder suas características, se organize dinamicamente. Isso significa que, se ocorrerem mudanças com o indivíduo, também ocorrerão mudanças no grupo, e o inverso. É importante que se crie, o mais rapidamente possível, uma cultura grupal acolhedora, nutritiva e segura para que o indivíduo se sinta estável em sua relação grupal. A mudança é muitas vezes função da aceitação grupal.

Nos grupos de psicoterapia de curta duração, tal movimento se torna imprescindível. Sabemos que o tempo é experimental, experiencial e existencial, e por isso não se pode ver a duração da psicoterapia como elemento determinante ou não do sucesso. Não é o tempo que modifica as pessoas, mas o modo como o prazer, a felicidade, o risco se enquadram dentro do tempo. O tempo ou tempo-duração é empecilho para uma ação psicoterapêutica que não seja meramente mecânica em determinado contexto. Temos de nos lembrar que o tempo psicoterapêutico é atemporal, ou seja, é um tempo sem tempo, as coisas acontecem no tempo, mas não são uma produção do tempo.

No longo processo de constituição de um grupo, ele passa por vários estágios e movimentos. O processo de mudança, embora tenha uma lógica, uma racionalidade, não é fruto apenas da lógica, porque o grupo, como uma pessoa, tem instintos de autopreservação e de autoatualização para que não venha a morrer a partir de seu próprio funcionamento. São movimentos internos, às vezes inconscientes, mas produzidos pela dinâmica interna do grupo à procura de sua melhor forma ou da melhor configuração. Eis alguns desses processos:

- *Tendência à solução perfeita*: baseada no instinto de autopreservação, o grupo age sempre de acordo com o conceito de totalidade;

- *Mudança paradoxal*: indo aparentemente na direção oposta ao que se pretende;

- *Remoção do conflito interno*: saindo do problema falso para o verdadeiro;

- *Busca do sentido do humano e da vida*: ou seja, a vida vale a pena ser vivida, não obstante tudo;

- *Linguagem não como estrutura lógica, mas como palavra*: a palavra transporta o ser e lhe dá realidade visível;

- *Imaginação e fantasia como processo de mudança*: transformar a esperança em um ato criador;

- *Passagem da relação eu-isso a eu-tu*: olhar, sobretudo, as pessoas como um todo e não como parte da realidade delas.

O processo grupal, uma vez iniciado, precisa ser mantido e crescer. O terapeuta de grupo é o guardião desse processo, ele deve estar atento para que nenhuma variável estranha possa perturbar a psicodinâmica interna do grupo. Existem, entretanto, algumas normas, princípios reguladores – poderíamos chamar de objetivos –, que o terapeuta de grupo observa, didaticamente, como elementos que promovem o contato interno do grupo e que são responsáveis diretos pela manutenção do processo e pela mudança esperada. Em um grupo de curta duração, o terapeuta precisará usar toda a sua sensibilidade para promover as experiências desses princípios de uma maneira transformadora.

- Conduzir a pessoa e o grupo a verem seu lado luminoso, despertando nelas o desejo de tomar posse de si mesmas e do que elas têm de bom, de grandioso e de saudável;

- Facilitar para que a pessoa e o grupo vivenciem um estado de psicoterapia em que tudo no seu cotidiano os ajude a produzir saúde e bem-estar;

- Trabalhar o sentido do prazer, da esperança da *vida como um todo* e não a vida apenas como solução de dificuldades ou de problemas;

- Trabalhar o sentido original das coisas, das intuições originárias, descobrindo o verdadeiro sentido do que significa vida, ajudando o grupo a acreditar em si mesmo como grupo e as pessoas, como indivíduos;

- Experienciar as quatro dimensões básicas do existir humano: ser no mundo, aprender a se sentir no tempo e no espaço, escolher. O grupo é o lugar ideal para isso;

- Caminhar na direção de uma psicoterapia da totalidade, aprendendo a ver a vida como um todo e não pedaços de vida, sobretudo pela compreensão e vivência das situações em que o tempo e o espaço passam a ser decisórios em suas vidas;

- Chamar a vontade em causa como elemento indispensável do processo de mudança. A verdadeira questão não é "ser ou não ser", mas "quero ou não quero, eis a questão";

- Mostrar que o comportamento é função da situação ou do campo que está ocorrendo naquele momento, que o passado só existe como lembrança, que o futuro só existe como expectativa e que, por mais frágil que seja o presente, ele é a única coisa de que, de fato, dispomos;

- Trabalhar o sintoma, a queixa, mas sem perder a perspectiva da totalidade da vida. Todo grupo forma seu sintoma que, muitas vezes, é como uma síntese dos sintomas de seus participantes;

- Promover uma sintonia, uma sincronicidade entre o pensar, o sentir, o agir e o falar, além de perceber como o grupo caminha entre essas diversas posições;

- Trabalhar as necessidades imediatas cognitivas e emocionais, a fim de que as mudanças emocionais se possam fazer no sentido da saúde e do bem-estar;

- Facilitar o surgimento do máximo de fluidez no campo, isto é, no grupo, para aumentar a possibilidade de mudanças em um tempo mais curto.

Montagem do grupo

A montagem dos programas de um grupo de curta duração terá especificidades próprias de cada modelo de grupo (focal, preventivo, temático, no ciclo).

Apresento aqui normas básicas que valem para todos os grupos, deixando à criatividade do terapeuta acrescentar ou tirar o que lhe parecer mais conveniente.

Em princípio, estou falando de um grupo de oito pessoas, composto de homens e mulheres, com quinze sessões de aproximadamente duas a três horas, no máximo, e que se reúnem uma a duas vezes por semana.

Esse programa seguirá o modelo de uma situação de uma *Gestalt-terapia de grupo de curta duração focal*, isto é, composta de pessoas que trazem problemas concretos, urgentes e esperam uma solução rápida:

1. Entrevistas individuais. O terapeuta entrevistará quantas pessoas ele entenda que possam compor o seu grupo de oito pessoas. Entrevistará dez, doze, quinze pessoas e, dessas, escolherá oito para seu grupo, observando as normas do processo de seleção, como descrito anteriormente. A essência da seleção é saber se a pessoa, mais que seu sintoma, se enquadra dentro do processo de segurança que a seleção prevê.

2. "Encontro social" de todos os entrevistados, como uma "festinha de boas-vindas", com comes e bebes. Nada de exageros, coisa simples. A intenção é perceber o movimento do grupo e antever possíveis situações a serem observadas e estudadas posteriormente. Um encontro no local onde ocorrerão as outras sessões.

JORGE PONCIANO RIBEIRO

3. Primeira sessão terapêutica. Cada cliente terá de vinte a trinta minutos para expor aos membros do grupo o que o levou até ali.

4. Aqui entram duas possibilidades, cuja escolha será mais do terapeuta que do grupo:

4.1. Cada cliente do grupo terá uma sessão inteira para tratar do seu "assunto-foco", com a participação dos outros membros do grupo. O terapeuta, nesse caso, deverá ser bastante ativo para não permitir que o caso fique, desnecessariamente, mal-acabado; serão dedicadas oito sessões, correspondentes aos oito participantes.

4.2. O terapeuta fará um longo estudo sobre as temáticas principais apresentadas pelos membros do grupo. Criará uma longa lista de todas as queixas, os sintomas, as virtudes e as coisas boas, o mais completa possível, com os principais temas de cada pessoa. E, em seguida, fará uma seleção pessoal de temas, cerca de trinta temas, sintomas ou situações que ele entenda serem representativos da totalidade do grupo – por exemplo: *culpa, medo, sexo, dores, prazer, risco* etc. –, para serem apresentados posteriormente para discussão e escolha dos programas dos temas que comporão o programa.

5. Reunião de todo o grupo para apresentação e discussão de todos os temas encontrados na fala deles, como no item 3. Pode-se dedicar uma ou duas sessões a essa tarefa.

6. Nessa(s) reunião(ões), o terapeuta fará dois programas dos principais temas a serem discutidos pelo grupo e aprovados por eles. Dois programas: um com temas positivos, outro com temas negativos. O grupo escolherá um dos dois programas, ou fará dos dois um só programa, ou talvez queira vivenciar os dois programas, fazendo, nesse caso, um novo contrato. Considerando que fazemos uma proposta de aproximadamente quinze sessões, escolheremos nove temas, que serão colocados em ordem de importância na avaliação do grupo e do terapeuta, a serem vivenciados um em cada sessão. A escolha da ordem é do grupo. Por exemplo: 1) culpa; 2) medo; 3) sexo etc.

GESTALT-TERAPIA DE CURTA DURAÇÃO

Obs.: fica claro que, nessa hipótese, os temas pessoais desaparecem, por estarem "incluídos" nos grandes temas a serem tratados pelo grupo.

7. Serão feitas duas listas da ordem dos temas que serão entregues a cada um, de tal modo que saibam qual o tema da próxima sessão e possam se preparar para ela por meio de leituras, filmes e livros a serem indicados pelo terapeuta.

8. Essa ordem deve ser obedecida fielmente, exceto no caso de um acontecimento – por exemplo, morte de um parente – que o grupo decida falar a respeito.

9. Após o término do último tema, haverá uma ou duas sessões de avaliação do programa feito. Caso o grupo decida retornar a um tema anterior, suspende-se a avaliação que será retomada em seguida.

Obs.: no caso do item 4.1, terminado o último cliente, o grupo passará ao item 9, avaliação do processo.

10. Após um mês de término do programa, será convocada uma sessão de avaliação a partir da prática vivida pelo grupo após a terapia.

É importante lembrar que a psicoterapia de curta duração trabalha praticamente com mudança, com ampliação de consciência, com um dar-se conta emocional, sem os quais nenhuma cura é possível, cura que não depende do terapeuta, muito menos da abordagem seguida. É um dom.

Obs.: nos casos da *Gestalt-terapia de curta duração preventiva, temática ou no ciclo,* o critério da seleção poderá ser o mesmo, dado que, embora seguindo modelos diferentes, o curto prazo de tempo sugere todo o cuidado na escolha dos participantes.

1. a) No *grupo preventivo* não existem temas predeterminados. As sessões obedecem à prioridade dos clientes que escolhem, em cada sessão, temas do agrado de todos; ou, simplesmente, os temas surgem espontaneamente das necessidades do grupo; b) a sessão transcorre normal-

mente, no modelo de terapia de grupo, no qual uma pessoa é figura, e o grupo e o terapeuta interferem na fala do cliente de uma maneira criativa; c) um cliente escolhe um tema com a concordância do grupo e esse passa a ser o tema do grupo.

Após todos os temas terem sido vivenciados, ou seja, nove sessões, fora as iniciais de montagem do grupo, inclusive o item 2 ("encontro social"), retoma-se o item 9, "avaliação".

2. No *grupo temático*, o terapeuta anuncia sua intenção de fazer uma Gestalt-terapia de curta duração temática, apresentando nove temas pré-estabelecidos por ele. Exemplos: *amor, Deus, sexo e outros*. As pessoas que se interessarem pelos temas serão chamadas para as entrevistas. Escolhidas as oito pessoas, haverá o item 2, sessão social de apresentação. Em seguida, inicia-se o programa de um tema por vez. Todos têm a lista dos temas para estudo e preparação da próxima sessão. Nesse modelo, pode-se pensar que: a) os temas se tornaram coletivos, temas do grupo, embora seja *um* tema por sessão; b) cada pessoa poderá escolher um dos nove temas como seu e, no seu dia, ela e o tema escolhido serão as figuras, com a participação afetiva de todos. Terminados os nove temas, segue-se para o item 9, "avaliação".

3. No *grupo do ciclo*, as normas de seleção são as mesmas e o desenvolvimento do programa segue o mesmo processo. Temos, em princípio, duas hipóteses: 1) A proposta é fazer dos nove mecanismos de bloqueio do contato ou dos nove mecanismos de cura um programa, de tal modo que cada sessão tenha por tema um mecanismo – seja de bloqueio, seja de cura – e essa opção, porém, por um ou por outro, deve ser feita antes de começar o programa. A questão é: como o grupo--como-um-todo experiencia cada passo do ciclo do contato? 2) O terapeuta escolhe um tema, por exemplo: amor. Esse tema será visto, experienciado pelo grupo com base em cada mecanismo de cura ou de bloqueio. Assim: *amor e fluidez, amor e sensibilização, amor e consciência* ou *amor e fixação, amor e dessensibilização, amor e confluência*, e

assim por diante, percorrendo todo o ciclo. Cada sessão poderá ter um tema à escolha do terapeuta ou do grupo.

Para tornar mais fácil a aplicação das normas de montagem de um grupo, darei o exemplo da montagem de um grupo de curta duração individual, cujos passos, em princípio, poderão ser aplicados também na montagem da terapia de grupo de curta duração.

A TÉCNICA: Construindo um programa

BUSCA	MEDO
PROCESSOS DE DIAGNÓSTICO	
ESTUDO PRELIMINAR	
FILHOS DO MEDO	**INIMIGOS DO MEDO**
(-)	(+)
DESCONEXÃO	O CUIDAR-SE (sem confrontar)
ESTAGNAÇÃO (fixação)	CRIAR (ser criativo)
DIFIDÊNCIA (falta de fé em você, nos outros)	PRESERVAR (acreditar)
INCONSTÂNCIA	REBELDIA (obedecer)
ABANDONO	ARRISCAR-SE (rebeldia visível)
REPRESSÃO	VENCER (coragem)
PREGUIÇA	PACIÊNCIA
RAIVA (ódio, mágoa)	CONFIANÇA
RISCO	ESPONTANEIDADE
BUSCA (para não enfrentar o medo)	ALEGRIA
AUTOESTIMA (amar-se)	VITÓRIA = VENCER = CORAGEM
	PERSEVERANÇA
	SENTIMENTO DE IDENTIDADE

Quadro 1 – Após a entrevista inicial, o terapeuta fará um estudo aprofundado para identificar os principais temas-problema e temas-solução que o cliente apresentou ao longo de sua entrevista, o que estou chamando de valência negativa (-) e de valência positiva (+). No caso de grupo, será feito o mesmo levantamento, identificando, quando possível, o maior número de temas-problema ou temas-solução apresentados por um dos futuros participantes do grupo. Desse elenco de dados surgirão os programas finais, baseados em um ou mais temas centrais colhidos como uma síntese ou redução fenomenológica da fala do cliente e/ou do grupo. Nesse caso, estamos trabalhando com dois temas centrais: *valência* (-) *medo* e *valência* (+) *busca*.

BUSCA	MEDO
CATEGORIA DE SENTIDO	
PROFLEXÃO (+)	INTERAÇÃO (-)
PERDA	GANHO
INSEGURANÇA	FÉ
BAIXA AUTOESTIMA	ESPERANÇA
MEDO	AMOR
AUTOAGRESSÃO	O OUTRO
INSATISFAÇÃO	VALIDAÇÃO
DESÂNIMO	ENCONTRO

Quadro 2 – Após assinalar todos os temas, como no Quadro 1, o terapeuta procederá a um enxugamento desses temas, indicando, pelo ciclo do contato, que os mecanismos de bloqueio ou de cura que o cliente ou o grupo-como-um-todo está usando são unidades de sentido e que, aqui, estou chamando de *categoria de sentido*. Neste Quadro 2, entendi que os temas-problema foram identificados como o bloqueio de contato (*Proflexão*) e os temas-solução como o mecanismo de cura (*Interação*). Este "diagnóstico" facilitará o trabalho em seguida. Observo que, nessa fase, o terapeuta está fazendo os estudos preparatórios para a montagem do programa final, tanto individual, como grupal.

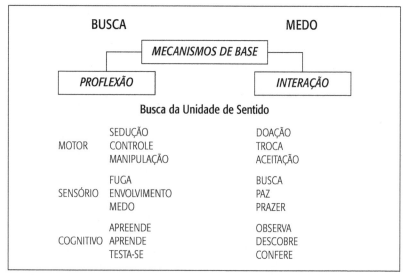

Quadro 3 – Após estudar todos os temas e transformá-los em *unidades de sentido* (como se faz no método da análise de conteúdo), o terapeuta – que ainda está na fase de estudo do programa final – fará um estudo como no Quadro 3. De um lado, ele tem os três sistemas-problema e, do outro, os três siste-

mas-solução; ou seja, o que caracteriza cada sistema na *proflexão* e o que caracteriza na *interação*. Isso vai permitir que ele faça dois programas: um de valência negativa, indicado pela proflexão; e outro de valência positiva, indicado pela interação. Observando este quadro, vê-se que, de algum modo, já temos dois programas básicos: um para *pessoas proflectoras* e outro para *pessoas interativas*. Analogicamente, na análise dos temas do grupo, teremos também um grupo proflector, cujo mecanismo de cura será a interação. Em princípio temos, neste modelo, dois programas pré-estabelecidos e que poderiam ser usados em qualquer situação.

Quadro 4 – Após o estudo das situações individual e/ou de grupo, o terapeuta apresentará ao cliente e/ou grupo os dois programas com a ordem que ele entendeu ser a melhor. Esses dois programas serão estudados pelo cliente e/ou grupo, que aceitará ou modificará a ordem proposta pelo terapeuta. A numeração, como consta, é a ordem final que o cliente e/ou grupo escolheu para trabalhar. Observo que esta discussão permitirá ao cliente e/ou grupo entrar em contato com todos os conteúdos que serão experienciados posteriormente, por isso essa discussão já é extremamente rica e terapêutica.

Quadros 5 e 6 – Durante a discussão do Quadro 4, no que diz respeito à ordem dos temas, o terapeuta tentará, juntamente com o cliente e/ou grupo, identificar um processo-tema-central que seja como uma síntese (uma redução fenomenológica, ou seja, a essência final do processo do cliente ou do grupo) de todo o processo vivido pelo grupo. Do lado positivo surge *Busca*, e do negativo surge *Medo*; mas, nesse caso específico, decidimos inverter os temas centrais, no programa final, para proporcionar ao cliente ou grupo a vivência de um paradoxo, promovendo um ajustamento criativo que tirasse o cliente ou grupo de um pensamento linear do tipo "Busca da Esperança" para "Medo da Esperança". Assim ficou: Medo-Esperança e Busca-Solidão. Todos os temas dos dois programas têm de ser estudados à luz dos dois grandes temas: Busca e Medo. Todos os temas têm de ser ligados ao tema central.

Algumas considerações finais

Os modelos apresentados, tanto individual quanto de grupo, não constituem formas fechadas. Estamos diante de modelos experimentais. Deve ficar claro que nenhum modelo funciona por si só: ele precisa de vida, de alma. Um modelo não passa de uma estrutura morta, fixa. É o terapeuta que dá vida ao modelo. Nenhuma técnica é autossuficiente. É a sensibilidade do terapeuta, sua capacidade de fazer contato, de se incluir no processo do outro que fazem do modelo uma técnica transformadora.

Como foi dito, esses modelos não têm a pretensão de ter encontrado o caminho das pedras, mas eles indicam direções possíveis de sucesso. Porque não estamos pensando em cura, mas em cuidados, em mudanças que criem novas configurações ou boas formas na vida de nossos clientes.

A presença inteligente, ativa e amorosa do terapeuta transformará o grupo em um campo unificado de forças, que permitirá ao cliente reler sua vida por meio da vida de cada participante do grupo que, como ele, tem pressa de viver, de amar, de trabalhar com alegria.

É importante lembrar que a Gestalt-terapia de curta duração funciona como um todo criador, no sentido de que vê tudo como um todo; as entrevistas, o "encontro social", as discussões da escolha dos temas, a ordem dos temas, a vivência dos tempos, tudo é visto como instrumento de mudança, de cura talvez. Todo o processo é criativo, transformador e não apenas a pessoa do terapeuta. Tudo é visto e trabalhado como microcampos de um grande campo unificado de forças que é a vida da pessoa e de todos-os-participantes-do-grupo-como-um-todo-mais-o-terapeuta. Toda a técnica, toda a metodologia são usadas como instrumento de trabalho, fazendo a pessoa se envolver com sua questão existencial, fonte de problema e, juntamente com o terapeuta, procurar o melhor método; ao fazê-lo, está indicando para si o próprio e melhor remédio. Nada está excluído. Tudo conta. Tudo muda. Tudo tem força de mudança, se não impedirmos que a mudança ocorra.

Referências bibliográficas

Introdução

1. LEMGRUBER, V. B. *Psicoterapia breve: a técnica focal.* Porto Alegre, Artes Médicas, 1987, p. 7.
2. Idem, ibidem.
3. WOLBERG, L. R. *Psicoterapia breve.* São Paulo, Mestre Jou, 1979, p. 231.
4. BRAIER, E. *In*: Lemgruber, *op. cit.*, 1987, p. 16.
5. WOLBERG, L. R. *In*: Lemgruber, *op. cit.*, 1987, p. 16.
6. Idem, *op. cit.*, 1979, p. 8.
7. MASSERMAN, J. H. *In*: Wolberg, L. R., *op. cit.*, 1979, pp. 29-55.

Primeira Parte

Capítulo 2 - Humanismo existencialista

1. RIBEIRO, J. P. *Gestalt-terapia: refazendo um caminho.* São Paulo, Summus, 1985, p. 30.
2. PENHA, J. *O que é existencialismo?* São Paulo, Brasiliense, 1982, p. 22.
3. RIBEIRO, J. P., *op. cit.*, 1985, p. 35.

Capítulo 3 - Existencialismo fenomenológico

1. RIBEIRO, J. P. *Gestalt-terapia: refazendo um caminho.* São Paulo, Summus, 1985, p. 44.

JORGE PONCIANO RIBEIRO

2. Idem, ibidem, p. 48.
3. Idem, ibidem, pp. 44-5.
4. FORGHIERI, Y. C. *Fenomenologia e psicologia*. São Paulo, Cortez, 1984, pp. 15-6.
5. Idem, ibidem, p. 15.
6. BRENTANO, F. *Psychologie du point de vie empirique*. Paris, Aubier, 1944, p. 102.
7. GARCIA-ROSA, L. A. *Psicologia estrutural em Kurt Lewin*. Petrópolis, Vozes, 1974, p. 43.
8. Extrato de "Meditações cartesianas de Husserl". *In*: Kelkel e Scherer, 1982, p. 101, *apud* Forghieri, Y. C. *Psicologia fenomenológica: fundamentos, método e pesquisa*. São Paulo, Pioneira, 1993, p. 19.
9. Idem, p. 19.
10. Extraído de "Meditações cartesianas de Husserl". *In*: Kelkel e Scherer, 1982, p. 101, *apud* Forghieri, Y. C., *op. cit.*, 1993, p. 19.
11. FORGHIERI, Y. C., *op. cit.*, 1993, p. 19.
12. GARCIA-ROSA, L. A., *op. cit.*, 1974, p. 48.
13. FORGHIERI, Y. C., *op. cit.*, 1993, p. 49.

Capítulo 4 - Teoria do Campo

1. HALL e LINDZEY. *Teorias da personalidade*. São Paulo, Edusp, 1971, p. 233.
2. LEWIN, K. *In*: Garcia-Rosa, L. A., *op. cit.*, 1974, p. 146.
3. HALL e LINDZEY, *op. cit.*, 1971, p. 237.
4. GARCIA-ROSA, L. A. *Psicologia estrutural em Kurt Lewin*. Petrópolis, Vozes, 1974, p. 94.
5. Conforme Garcia-Rosa, *op. cit.*, 1974, p. 59.
6. Maxwell, citado por Kaufmann, P. *Kurt Lewin: une théorie du champ dans les sciences de l'homme*. Vrin, 1968, p. 148. *In*: Garcia-Rosa, L. A., *op. cit.*, 1974, p. 59.
7. MUCCHIELLI, R. *Introduction à la psychologie structurale*. Paris, C. Dessart, 1968, p. 3.
8. LÉVI-STRAUSS, C. *Antropologia cultural*. São Paulo, Tempo brasileiro, 1967, p. 5.
9. KÖHLER, R. *Gestalt psychology*. Londres, Livreight, 1929, p. 64.
10. GARCIA-ROSA, L. A., *op. cit.*, 1974, p. 56.
11. GUILLUME. *In*: Garcia-Rosa, L. A., *op. cit.*, 1974, p. 56.
12. LEWIN, K. *Teoria de campo em ciências sociais*. São Paulo, Pioneiras, 1965, p. 282.
13. Idem, ibidem, p. 269.
14. GARCIA-ROSA, L. A., *op. cit.*, 1974, p. 145.
15. Idem, ibidem, p. 37.
16. Idem, ibidem, p. 37.
17. Idem, ibidem, p. 39.
18. LEWIN, K. *Principles of topological psychology*. Nova York, McGraw Hill, 1936, p. 202.
19. GARCIA-ROSA, L. A., *op. cit.*, 1974, p. 66.
20. LEWIN, K., *op. cit.*, 1936, pp. 85-118.

GESTALT-TERAPIA DE CURTA DURAÇÃO

21. Conforme Garcia-Rosa, L. A., *op. cit.*, 1974, pp. 65-83.
22. Idem, ibidem, p. 104.
23. KAUFMANN, P. (1968). *In*: Lewin, K. *Une théorie du champ dans les sciences de l'homme.* Paris, Vrin, 1968, p. 171.
24. LEWIN, K. (1938). "The conceptual representation and the measurement of psychological forces in contribution to psychological theory". v. 1, nº 4. Duke University Press. Reimpresso por Johnson Reprint (1968), p. 173.
25. Idem, ibidem.
26. GARCIA-ROSA, L. A., *op. cit.*, 1974, p. 114.
27. LEWIN, K. *In*: Garcia-Rosa, L. A., *op. cit.*, 1974, p. 115.
28. Idem, ibidem, p. 88.
29. Idem, ibidem, p. 90.
30. GARCIA-ROSA, L. A., *op. cit.*, 1974, p. 116.
31. LOTKA, pp. 151-143. *In*: Garcia-Rosa, L. A., *op. cit.*, 1974, p. 120.
32. KÖHLER, p. 151. *In*: Garcia-Rosa, L. A., *op. cit.*, 1974, p. 120.
33. GARCIA-ROSA, L. A., *op. cit.*, 1974, p. 133.
34. LEWIN, K. (104, p. 2923; Lewin, 45, p. 495). *In*: Garcia-Rosa, L. A., *op. cit.*, 1974, p. 128.
35. GARCIA-ROSA, L. A., *op. cit.*, 1974, p. 189.
36. Idem, p. 147.
37. Idem, p. 147.
38. Idem, p. 147.
39. Idem, p. 147-8.
40. Idem, p. 148.
41. Idem, p. 143.

Capítulo 5 - Teoria organísmica holística

1. ANDRAS ANGYAL. *In*: Hall e Lindzey. *Teorias da personalidade*, São Paulo, Edusp, 1971, pp. 350-1.
2. GOLDSTEIN, K. *The Organism.* Nova York, Zone Books, 2000. p. 582.
3. Idem, p. 583.
4. Idem, p. 590.
5. Idem, p. 591.
6. Idem, p. 591.
7. Idem, ibidem.
8. Idem, p. 592.
9. Idem, p. 595.
10. Idem, p. 596.
11. Idem, p. 597.
12. Idem, p. 598.
13. Idem, p. 625.
14. Conforme Hall e Lindzey, *op. cit.*, 1971, pp. 342-4.
15. Idem, ibidem, p. 344.

Segunda Parte

Capítulo 6 - O conceito de pessoa

1. LEWIN, K. *In*: Garcia-Rosa, L. A. *Psicologia estrutural em Kurt Lewin*. Petrópolis, Vozes, 1974, p. 86.
2. Idem, ibidem, p. 88.
3. Idem, ibidem, p. 89.
4. GARCIA-ROSA, L. A., *op. cit.*, 1974, p. 92.
5. Idem, ibidem, p. 187.
6. LEWIN, K. *In*: Garcia-Rosa, L. A., *op. cit.*, 1974, p. 187.
7. Idem, ibidem.

Capítulo 7 - Gestalt-terapia individual de curta duração

1. WOLBERG, L. R., *op. cit.*, 1979, p. 60.

Capítulo 8 - Gestalt-terapia de grupo de curta duração

1. GARCIA-ROSA, L. A. *Psicologia estrutural em Kurt Lewin*. Petrópolis, Vozes, 1974, p. 14.
2. Idem, ibidem, p. 154.
3. LEWIN, K. *In*: Garcia-Rosa, L. A., *op. cit.*, 1974, p. 15.
4. Idem, ibidem, p. 154.
5. Idem, ibidem, p. 164.
6. WOLBERG, L. R., *op. cit.*, 1979, p. 234.

Bibliografia

BETTO, F. *A obra do artista. Uma visão holística do universo.* São Paulo, Ática, 1995.

BOFF, L. *A águia e a galinha: uma metáfora da condição humana.* 4ª ed. Petrópolis, Vozes, 1997.

_____. *Nova Era: a civilização planetária.* 2ª ed. São Paulo, Ática, 1994.

BORNHEIM, G. A. *Introdução ao filosofar.* 4ª ed. Porto Alegre, Globo, 1978.

BRENTANO, F. *Psychologie du point de vie empirique.* Paris, Aubier, 1944.

BUBER, M. *Between man and man.* Nova York, Collier Books/Macmillan, Publishing Company, 1965.

CAMPOS, V. F. *Individualidade, questionamento e psicoterapia gestáltica.* Rio de Janeiro, Tipo Editor Ltda., 1983.

CAPRA, F. e STEINDL-RAST, D. *Pertencendo ao universo.* São Paulo, Cultrix, 1991.

CLARKSON, P. *The therapeutic relationship.* Londres, Wurr Publishers Ltda., 1995.

_____. *Gestalt counselling in action.* Nova Delhi, Sage Publications, Londres, Newbury Park, 1989.

DARTIGUES, A. *O que é a fenomenologia?* Rio de Janeiro, Eldorado Tijuca Ltda., 1973.

ELIAS, N. *A sociedade dos indivíduos.* Rio de Janeiro, Jorge Zahar, 1984.

FORGHIERI, Y. C. *Psicologia fenomenológica: fundamentos, método e pesquisas.* São Paulo, Pioneira, 1993.

_____. *Fenomenologia e psicologia.* São Paulo, Cortez, 1984.

FRANKO, D. L. "The use of a group meal in the brief group therapy of bulimia nervosa". In: *International Journal of Group Psychotherapy*, 43(2), pp. 237-43, 1993.

JORGE PONCIANO RIBEIRO

FRIEDMAN, M. *The healing dialogue in psychotherapy*. Nova York e Londres, Jason Aronson, Inc., 1985.

GARCIA-ROSA, L. A. *Psicologia estrutural em Kurt Lewin*. Petrópolis, Vozes, 1972-74.

GINGER, A. e Serge. *Gestalt: uma terapia de contato*. São Paulo, Summus, 1995.

GOLDSTEIN, K. *The Organism*. Nova York, Zone Books, 2000.

GREENING, T. C. *Psicologia existencial-humanista*. Rio de Janeiro, Zahar, 1975.

HALL, C. S. e LINDZEY, G. *Teorias da personalidade*. São Paulo, Edusp, 1971.

HYCNER, R. *De pessoa a pessoa: psicoterapia dialógica*. São Paulo, Summus, 1995.

HYCNER, R. e JACOBS, L. *Relação e cura em Gestalt-terapia*. São Paulo, Summus, 1997.

JOY, F. W. B. *Healers on healing*. Los Angeles, Jeremy P. Tarcher, Inc., 1989.

KANAS, N. "Group therapy wilth schizophrenie patients: A short-term homogeneous approach". In: *International Journal of Group Psychotherapy*, 41(1), pp. 33-49, 1991.

KAUFMANN, P. *Kurt Lewin: une theorie du champ dans les sciences de l'homme*. Vrin, p. 148, 1968.

KNOBEL, M. *Psicoterapia breve*. São Paulo, Editora Universitária Ltda., 1986.

KOFFKA, K. *Princípios de psicologia da gestalt*. São Paulo, Cultrix, 1975.

KÖHLER, R. *Gestalt psychology*. Cidade, Livreight, p. 64, 1929.

KORB, M. P. *Gestalt therapy*. Pergamon Press, 1989.

LATNER, J. "The gestalt therapy book". In: *The Gestalt Journal*, 1972.

LEMGRUBER, V. B. *Psicoterapia breve: a técnica focal*. 2. ed., Porto Alegre, Artes Médicas, 1987.

_____. *Teoria dinâmica da personalidade*. São Paulo, Cultrix, 1975.

_____. *Teoria de campo em ciência social*. São Paulo, Pioneira, 1965.

_____. *Problemas de dinâmica de grupo*. São Paulo, Cultrix, 1948.

_____. *Principles of topological psychology*. Nova York, McGraw Hill, 1936.

LÉVI-STRAUSS, C. *Antropologia cultural*. São Paulo, Tempo Brasileiro, 1967.

LIEBERMAN, M. e YALON, I. "Briel group psychotherapy for the spousolly bereaved: A controlled study". In: *International Journal of Group Psychotherapy*, 42(1), pp. 117-33, 1992.

LOFFREDO, A. M. *A cara e o rosto. Ensaio sobre Gestalt-terapia*. São Paulo, Escuta, 1994.

JUIJPEN, W. *Introdução à fenomenologia existencial*. São Paulo, EPU, 1979.

MAILHIOT, G. B. *Dinâmica e gênese dos grupos*. São Paulo, Duas Cidades, 1973.

MARTINS, J. e FARINHA, M. F. S. *Temas fundamentais de fenomenologia*. São Paulo, Moraes, 1984.

MECALLUM, M. *et all*. "Affect and outcome in short-term group therapy for loss". In: *International Journal of Group Psychotherapy*, 43(3), pp. 303-21, 1993.

MECALLUM, M. e PIPER, E. W. "A Controlled Study of Effectiveness and Potient Suitability for Short-Term Group Psychotherapy". In: *International Journal of Group Psychotherapy*, 40(4), pp. 431-53, 1990.

MERLEAU-PONTY, M. *A estrutura do comportamento*. Belo Horizonte, Interlivros, 1975.

MILLER, A. *O drama da criança bem-dotada*. São Paulo, Summus, 1986.

MILLER, M. V. *Terrorismo íntimo. A deterioração da vida erótica*. Rio de Janeiro, Francisco Alves, 1995.

MINICUCCI, A. *Dinâmica de grupo. Teorias e sistema*. São Paulo, Atlas, 1982.

MUCCHIELLI, R. *Introduction à la psychologie structurale*. França, C. Dessart, 1968.

NARANJO, C. *Os nove tipos de personalidades. Um estudo do caráter humano através do eneagrama*. Rio de Janeiro, Objetiva, 1997.

O'HANLON, W. H. e DAVIS-WEINER, M. *Em busca de soluções. Novos rumos em psicoterapia*. Campinas, Editorial Psy II, 1994.

PENHA, J. *O que é existencialismo?* São Paulo, Brasiliense, 1982.

PERLS, F. S. *A abordagem gestáltica e testemunha ocular da terapia*. 2ª ed., Rio de Janeiro, Zahar, 1981.

_____. *Key figures in counselling and psychotherapy*. Nova Delhi, Sage Publications, Londres, Newbury Park, 1993.

PERLS, F. S., HEFFERLINE, R. e GOODMAN. "Gestalt therapy". In: *The Gestalt Journal Press*, 1994.

POLSTER, E. M. *Gestalt-terapia integrada*. Belo Horizonte, Interlivros, 1979.

RIBEIRO, J. P. *O ciclo do contato. Temas básicos na abordagem gestáltica*. São Paulo, Summus, 1997.

_____. *Psicoterapia grupo analítico. Teoria e técnica*. 2ª ed., Campinas, Livros Neli, 1995.

_____. *Gestalt-terapia – O processo grupal*. São Paulo, Summus, 1994.

_____. *Teorias e técnicas psicoterápicas*. Petrópolis, Vozes, 1986.

_____. *Gestalt-terapia: refazendo um caminho*. São Paulo, Summus, 1985.

RIBEIRO, W. *Existência – Essência. Desafios teóricos e práticos das psicoterapias relacionais*. São Paulo, Summus, 1998.

JORGE PONCIANO RIBEIRO

Riet, V. V. D. Gestalt therapy. *Pergamon.* General Pyschology Series, 1979.

Rosanes-Berrett, M. B. *The new gestalt therapy.* The gestalt center for psychotherapy and training. Nova York, 1981.

Sartre, J. P. *O ser e o nada. Ensaio de ontologia fenomenológica,* 3ª ed., Petrópolis, Vozes, 1997.

Saudahl, C. e Ronnberg, S. "Briel group psychotherapy in relapse prevention for alcohol dependent patients". In: *International Journal of Group Psychotherapy,* 40(4), pp. 453-77, 1990.

Small, L. *As psicoterapias breves.* Rio de Janeiro, Imago, 1974.

Smith, E. W. L. *The growing edge of gestalt therapy.* Secaucus, N. J., The Citadel Press, 1976.

Weil, P. *Nova linguagem holística.* Rio de Janeiro, Espaço e Tempo, 1987.

Wheeler, G. *Gestalt reconsidered.* Nova York, Gardner Press, Inc., 1991.

Wolberg, R. L. *Psicoterapia breve.* São Paulo, Mestre Jou, 1979.

Zinker, J. *El processo creativo en la terapia guestaltica.* Buenos Aires, Paidós, 1979.

Zohar, D. *O ser quântico.* 2ª ed., São Paulo, Best Seller, 1990.

Yontef, G. M. Awareness dialogue & process. *The gestalt Journal Press,* 1993. (No Brasil, *Processo, diálogo e awareness: ensaios em Gestalt-terapia.* São Paulo, Summus, 1998.)

leia também

O CICLO DO CONTATO
TEMAS BÁSICOS NA ABORDAGEM GESTÁLTICA
EDIÇÃO REVISTA
Jorge Ponciano Ribeiro

A obra discute temas fundamentais na conceituação teórica gestáltica, não necessariamente em situações psicoterápicas. Nesta edição revista, o autor examina a natureza do contato, fatores que podem facilitá-lo ou bloqueá-lo e o seu ciclo de desenvolvimento. Também apresenta inova ao conferir à Gestalt-terapia forma e estilo próprios da cultura brasileira.

REF. 10334   ISBN 978-85-323-0334-9

GESTALT-TERAPIA
O PROCESSO GRUPAL
Jorge Ponciano Ribeiro

A teoria da Gestalt vem enriquecendo-se com novos conceitos e ampliando seu campo de aplicação. Em estilo simples e conciso, o autor percorre temas-chave, aplica esta teoria ao trabalho com grupos e analisa sua especificidade, sua resistência e seu processo de cura. O grupo é a figura central desta obra, mas é a pessoa, como fundo do processo, o grande artífice dessa matriz.

REF. 10446   ISBN 85-323-0446-X

GESTALT-TERAPIA: REFAZENDO UM CAMINHO
Jorge Ponciano Ribeiro

Uma tentativa teórica de explicar a Gestalt-terapia a partir das teorias que a fundamentam. Trata-se de uma visão pessoal do autor, ligando teoria e técnicas à prática da vivência em Gestalt-terapia, de modo diferente e original. Este livro preenche uma lacuna teórica do movimento gestáltico no Brasil.

REF. 10224   ISBN 85-323-0224-6

VADE-MÉCUM DE GESTALT-TERAPIA
CONCEITOS BÁSICOS
Jorge Ponciano Ribeiro

Esta obra tem por objetivo mapear lugares teóricos a partir dos quais os Gestalt-terapeutas possam começar a responder a demandas mais amplas que as puramente clínicas, com trabalhos que denotem preocupação com a saúde da comunidade. Em linguagem direta, Jorge Ponciano destrincha os principais conceitos da Gestalt, buscando oferecer instrumentos para que ela seja aplicada de maneira mais efetiva.

REF. 10301   ISBN 85-323-0301-3